KB111302

부동산 트렌드 2022

부동산 트렌드 2022

초판 1쇄 발행 2021년 11월 10일
초판 5쇄 발행 2021년 12월 20일

지은이 | 김경민

발행인 | 유영준
편집팀 | 오향림 한주희
디자인 | 김윤남
인쇄 | 두성P&L
발행처 | 와이즈맵
출판신고 | 제2017-000130호(2017년 1월 11일)

주소 | 서울 강남구 봉은사로16길 14, 나우빌딩 4층 쉐어원오피스 (우편번호 06124)
전화 | (02)554-2948
팩스 | (02)554-2949
홈페이지 | www.wisemap.co.kr

ISBN 979-11-89328-53-5 (03320)

하버드 박사 김경민 교수의 부동산 투자 리포트

부동산 트렌드 2022

김경민 지음

KOREA REAL ESTATE TRENDS 2022

와이즈맵

2022년, 격변의 부동산 시장을 준비하라

최근 1~2년만큼 온 국민이 부동산에 이토록 뜨거운 관심을 가졌던 적은 없었다. 얼마 전만 해도 두 사람 이상 모이면 '코로나'가 제일가는 화제였는데, 언제부턴가 그 자리를 '부동산'이 대체했다. 젊은 층을 포함한 모든 세대, 그리고 모든 계층이 부동산 시장을 주시하고 있다. '영끌' 해서라도 내 집 마련을 하고 싶은 신혼부부, 월세 수입으로 노후 생활을 유지하다 세금 폭탄에 직면한 노년층, 전셋집에서 밀려나 새로운 주거지를 찾아 헤매는 사람들……. 저마다 목적은 달라도 모든 관심과 고민이 '부동산'이라는 키워드에 매몰된 건 그다지 반가운 현상만은 아니다.

코로나 바이러스의 유행으로 경기는 안 좋은데 집값과 전월세는 폭등하고, 상가 건물이 비어가는 와중 꼬마빌딩의 인기가 오르고 있다. 기존의 경험과 상식으로는 이해하기 힘든 현상이 벌어지면서 사람들의 심리는 더욱 불안해지고 있다.

집값을 잡겠다는 목적으로 시작된 빗나간 정책들은 반대로 집값을 폭등시켰고, 이제는 오히려 폭락을 막아야 하는 아이러니한 상황에까지 이르렀다. 주택 가격은 세계 경제 상황, 금리와 유동성, 주택 공급 규모, 학군, 직주근접성, 재개발 이슈, 상권의 이동 등 다양한 변수들의 영향을 받는 복잡계 그 자체다. 따라서 단기간에 집값을 원하는 방향으로 끌어내는 것은 상당히 어렵다. 오늘 당장 주택 공급이 결정된다 해도 실제로 입주민이 들어가기까지는 5~8년 정도가 소요된다. 정책으로 인한 변화에 상당한 시간이 걸리는 이유다. 그렇기에 부동산 시장 참여자(실수요자, 투자자 등)와 정책 담당자들은 보다 장기적인 시각에서 큰 흐름을 읽을 수 있어야 한다.

저축과 이자 수익, 장기형 주식 투자로 상징되던 경제 판은 디지털 기술을 기반으로 한 4차 산업혁명이 도입되며 패러다임이 바뀌고 있다. 이제는 인공지능, 블록체인, 가상현실, NFT 등의 개념들을 모르면 좋은 기회를 눈앞에 두고도 그 기회를 잡지 못하는 시대가 됐다. 그리고 이는 부동산 시장에서도 크게 다르지 않다. 산업 구조와 일상이 급격히 변화하며 '플랫폼 경제', '역디지털화', '메타버스Metaverse' 같은 개념이 부동산 시장 이해의 필수 요소가 되었다. 우리는 '공유경제 플랫폼'과 '물류부동산', '프롭테크Proptech'가 각광받는 시대에 살고 있다. 사람들이 메타버스 공간으로 출근하고, 인공지능이 빅데이터를 분석해 투자하는 것도 전혀 이상하지 않은 시대에 살고 있다. 이런 변화가 우리에게 말해주는 것이 무엇일까? 막연한 직감과 소문에 의존해 투자하는 식으로는 더 이상 살아남을 수 없다는 것은 아닐까?

특히 다가오는 2022년에는 두 가지 큰 변화의 축이 대기 중이다. 바로 선거(대통령선거와 지방선거)와 금리 인상이다. 이 요소들로 인해 부동산 시장은 또 한 번 새로운 단계로 진입할 가능성이 크다. 그리고 같은 단계에 진입하더라도 지역마다, 사람마다 맞이하는 상황이 다를 수 있다. 이번 책에서는 대한민국 부동산의 미래와 트렌드를 이야기하는 만큼 선거와 금리에 관한 이슈도 빼놓지 않고 다루었다.

이 책은 단순히 좋은 매매 타이밍과 유망한 투자처를 알려주기 위한 목적으로 집필한 것이 아니다. 그보다 큰 틀에서 부동산 시장이 작동하는 메커니즘에 대한 근본적인 이해를 돕고자 했다. '어떻게 변화하는 트렌드를 읽어야 하는지', '변화에 담긴 핵심 요소는 무엇인지', '미래에 어떤 자세로 대응해야 하는지'를 전달하고 싶었다. 또한, 가치 투자를 위한 정보와 투자 의사결정에 도움이 될 인사이트를 공유하고자 했다.

필자는 하버드대학교에서 부동산 분석기법을 연구하고 미국 부동산 금융·리서치 업계에서 방법론을 적용하며, 글로벌 부동산 시장이 어떻게 작동하는지를 알 수 있었다. '글로벌 오피스 시장의 미래 가격 예측 모델링'을 담당하며 이 결과물이 월 스트리트Wall Streets 투자자들의 의사결정에 어떤 영향을 줄 수 있는지를 알게 된 것이다. 그리고 이때의 경험은 우리나라 부동산을 바라보는 시각에도 영향을 주었다. 필자는 우리나라 주택 시장에서 활용되는 데이터와 분석 방법이 글로벌 수준에 비해 부족한 부분이 있다는 것을 아쉽게 생각해왔다. 하지만 지금은 상당한 양의 부동산 빅데이터가 오픈되면서 국내의 부동산도 글로벌 분석 틀을 활용할 수 있는 여건이 마련됐다. 이제 국내 부동산 업계에도 더욱 정밀하고 충실한 분석과 예측이 가능한 시대가 도래했다고 믿는다. 그리고 이 책은 그런 기대와 노력을 담은 결과물이다.

책의 1장에는 중장기적이고 거시적인 관점에서 앞으로 부동산 시장에 큰 변화를 가져올 메가트렌드를 담았다. '플랫폼도시', '오프라인 리테일의 붕괴', '물류부동산', 'MZ세대', '역디지털화', '메타버스'라는 6가지 키워드로 흐름을 정리했다. 또한, 필자의 의견에 더해 다양한 부동산 업계 전문가들과의 인터뷰를 수록했다.

2장에서는 현재 부동산 시장에서 가장 뜨거운 빅이슈 10가지를 소개했다. 빅데이터 분석을 통해 부동산 패러다임의 큰 변화를 짚고, 선거와 재개발, 고가 주택 시장, 꼬마빌딩 수익률, 임대차3법의 파급효과 등 투자자들이 반드시 알아야 할 사항을 살펴봤다.

3장에서는 글로벌 부동산 리서치 업계의 방법론을 활용해 서울시와 강남3구, 노도성 지역의 2022년 부동산 가격 시나리오를 예측했다. 그리고 금리와 인플레이션, 투자수익률을 바탕으로 각각 부동산 가격과의 상관관계를 분석했다.

마지막으로 책의 특별부록에는 토지이용 빅데이터와 KT 빅데이터를 활용해 찾은 5개의 핫 플레이스를 공개했다. 앞으로 크게 성장할 것으로 기대되는 지역들을 소개하며 그 지역들이 갖춘 환경과 조건, 분위기, 유명 상점 등을 살펴봤다.

　부동산 시장은 엄청난 변화의 폭풍을 맞고 있다. 기존의 패러다임이 뒤바뀌며 '부동산 뉴노멀'이 시작된 것이다. 이런 시기에는 여러 현상 중 무엇에 집중해야 하고 닥쳐올 상황을 어떻게 헤쳐나가야 할지 몰라 혼란스러운 사람이 많을 것이다. 이 책이 그런 이들을 위해 복잡한 부동산 세계 속 든든한 길잡이가 될 수 있으면 좋겠다. 또한 부동산을 이해하고 싶으며 나아가 부동산 투자를 희망하는 사람들에게 책에 담긴 정보가 유용한 역할을 하고 앞으로의 부동산 시장을 전망하는 데에 도움이 되기를 바란다.

김경민

Part 1 부동산 메가트렌드

Part 2 부동산 빅이슈 TOP 10

Part 3 2022 부동산 가격 大예측

특별부록 ## 포스트 코로나 핫 플레이스 TOP 5

Part
1

부동산
메가트렌드

플랫폼도시

: 인스타그램이 도시를 뒤바꾼다 :

21세기에 들어서면서 또 한 번의 패러다임 변화가 일어나고 있다. 아마존, 페이스북, 유튜브, 쿠팡, 배달의민족 같은 플랫폼 기업의 폭발적 성장과 플랫폼 경제 활성화로 도시가 변하고 있다. 특히나 인스타그램 같은 비주얼 기반 플랫폼은 공간과 도시를 바꿀 수 있고 실제로 바꾸고 있다.

부동산 시장이 유례없는 대변혁의 시기를 맞고 있다. 2021년 현재 한국은 코로나 팬데믹과 재테크 광풍을 통과하고 있으며, 2022년에 있을 두 선거와 미국 금리 조정의 향방에 촉을 세우고 있다. 부동산 시장에 영향을 미치게 될 변수는 끊임없이 등장하고, 그 영향에 따라 주목해야 할 이슈와 투자의 대상 또한 속속 변화한다. 하지만 숙련된 전문가가 아닌 이상 부동산 시장의 변화를 빠르게 따라가는 것은 쉽지 않고 부동산에 얽힌 복잡한 이해관계와 정책을 파악하는 것도 어렵다.

지금부터 그런 어려움을 겪는 사람들을 위해 복잡한 현상 속에 존재하는 시그널, 즉 트렌드를 설명하려 한다. 세상이 빠르게 변화한다 해도 부동산 시장은 결국 큰 흐름을 따라 움직이기 때문이다. 향후 부동산 시장과 도시에 변화의 바람을 불러올 트렌드 중 가장 중요하고 중장기적으로 지속될 이슈를 선정해 6개의 메가트렌드 키워드로 정리했다. 부동산의 미래를 알고 싶은 사람이라면 이 트렌드를 놓치지 말고 시장을 전망하는 데에 활용해보자.

우리가 사는 여기, 플랫폼도시

바야흐로 '플랫폼'의 시대다. 언젠가부터 등장한 이 플랫폼이란 개념은 경제, 문화, 산업 등 모든 영역에 걸쳐 삶의 방식을 송두리째 바꾸고 있다. 부동산 트렌드를 이해함에 있어서도 플랫폼은 가장 중요한 키워드다. 현재 오프라인 기반 기업의 성장세는 구글Google, 아마존Amazon, 네이버, 카카오로 상징되는 온라인·모바일 기반의 플랫폼 기업을 따라가지 못하고 있다. 설립된 지 5년 정도밖에 되지 않은 카카오뱅크가 상장과 동시에 시가총액 10위권의 자리에 진입할 거라는 건 불과 몇 년 전만 해도 누구도 예측하지 못했던 일이다.[1]

플랫폼 경제가 큰 폭으로 성장하면서 많은 기업들이 디지털 역량 강화와 디지털 기업으로의 전환을 추구하고 있으며, 이러한 디지털 전환(Digital Transformation)은 선택이 아닌 필수가 된 상황이다. 그런데 온라인과 모바일 환경을 기반으로 무섭게 성장 중인 플랫폼 기업들은 그 영향력을 키워 역으로 우리가 살고 있는 오프라인 공간으로 내려오고 있다. 디지털화와 더불어 역디지털화(Reverse Digital Transformation)가 동시에 진행 중인 것이다.[2] 이러한 플랫폼 기업들의 역디지털화는 도시 공간과 부동산 영역에도 엄청난 충격을 주고 있다. 도시 자체가 플랫폼 경제에 의해 변화되는 '플랫폼도시'로의 전환이 일어나고 있는 것이다.

21세기의 플랫폼도시를 이해하기 위해서는 과거에 도시가 어떻게 변화해왔는지를 알아야 한다. 역사적으로 패러다임(특히, 경제 패러다임)이 변할 때마다 도시의 형태 또한 그에 상응해 변화를 거듭해왔다.

18~19세기에는 산업혁명이라는 패러다임을 거치며 '산업도시'라는 새로운 유형의 도시가 탄생했었다. 산업화로 인해 농촌의 유휴노동력이 공장이 있는 도시로 유입되면서 도시 인구는 짧은 기간에 폭증했다. 산업화가 도시화를 이끈 것이다. 산업도시 안에는 노동자들이 생활하는 주거지, 그들이 이용하는 상점, 일하기 위한 공장과 공장

운영에 필요한 물류창고가 동일한 공간에 공존했다. 이때의 도시는 인구 유입을 미처 따라가지 못해 주택난이 심각했고, 도시 안에 공장이 들어서며 각종 환경 문제와 공공위생 문제가 대두됐다.[3] 하지만 사람들은 일자리가 있는 도시를 떠날 수 없었다.

우리나라의 경우도 1960~70년대 고도성장 시기를 거치며, 도시 내부에 공장들이 들어서게 되었다. 서울이라는 대도시 안에 구로공단과 같은 대규모 공업단지가 생긴 것이다. 현재도 과거의 위상에는 미치지 못하지만 세운상가 주변, 문래동, 성수동 등에 여전히 많은 제조업 공장과 물류창고가 상존하고 있다.

20세기에 들어서면서 산업도시는 '서비스도시'로 바뀌었다. 산업도시에 거주하던 사람들은 다양한 문제들을 해결하기 위해 금융, 보험, 법률, 회계, 건축 등 서비스 중심의 업종을 필요로 했다. 이 업종들은 집적이익(동류 및 연계 산업끼리 한 곳에 모임으로써 생기는 이익)을 위해 도시로 들어와 엘리트 서비스 산업을 이뤘다. 도시에는 이들을 위한 대형 오피스 건물들이 건설되었고, 토지 경쟁에서 밀린 공장과 물류 창고는 교외로 빠져나갔다.

한때 우리나라 수출의 10%를 담당했던 구로공단의 공장들이 1980년대 중후반부터 서울 외곽의 시흥과 안산 등지로 이주한 것도 이런 움직임의 대표적 사례다.[4] 공장들이 떠난 자리는 거대한 오피스 타운이 채웠고 현재의 구로가산디지털단지를 이루게 되었다. 사회적 기업들이 집적하기 시작한 성수동 역시, 쇠퇴한 제조업 지역에 오피스 기업들이 들어선 사례라 볼 수 있다.

하지만 20세기형 서비스도시에서 공장과 물류시설들이 교외로 계속해서 나간 것과 달리, 주거지는 고층 아파트의 형태로 도시에 남았고 리테일 상업시설 역시 굳건히 자리를 지켰다.

그런데 21세기가 되자 또 한 번의 패러다임 변화가 일어났다. 아마존, 페이스북Facebook, 유튜브YouTube, 쿠팡, 배달의민족 같은 플랫폼 기업의 폭발적 성장과 플랫폼 경제 활성화로 도시가 변하고 있다. 예를 들어 대표적인 글로벌 플랫폼 기업 페이스북은 지난 10년간 엄청난 성장을 이루며 우리의 일상에도 크게 영향을 미쳐왔다. 2010년에 개봉한 영화 〈소셜 네트워크(The Social Network)〉는 페이스북의 설립자 마크 저커버그Mark Zuckerberg에 대한 이야기를 다루고 있다. 당시의 포스터를 보면 페이스북은 전 세계 5억 명의 사람을 연결한 기업으로 소개

1960년대 옛 구로공단의 모습   출처_구로구청 홈페이지

현재의 구로가산디지털단지   출처_구로구청 홈페이지

된다. 그런데 2021년 현재 페이스북의 이용자수는 대략 28억 9,000만 명으로 추산된다.[5] 10년 남짓한 기간에 다섯 배가 넘는 규모로 성장해 시가총액 1,000조 원을 돌파한 기업이 된 것이다. 이러한 플랫폼 기업의 성장은 수천 년간 도시 내부에 존재해온 리테일 상업시설에도 큰 타격을 입히고 있다. 20세기의 서비스도시에 균열이 생긴 것이다. 그리고 이는 플랫폼의 본질적인 특성에서 비롯된 결과다.

페이스북 사옥

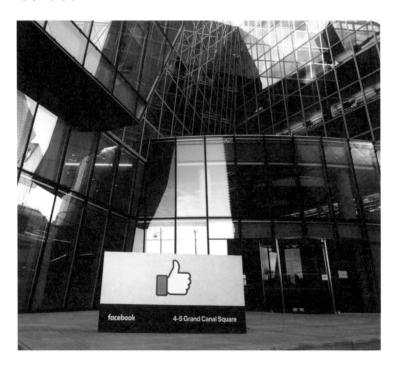

플랫폼이란 무엇인가?

필자는 2004~2008년에 하버드대학교(Harvard University)에서 도시계획·부동산학 박사과정을 수학했다. 2004년 12월, 하버드 교정에서 본 A4용지에 인쇄된 한 투박한 광고 전단이 지금도 기억에서 지워지지 않는다. 우리나라 아파트에서 흔히 접할 수 있는 피아노 학원이나 과외 홍보물과 비슷한 수준의 그 광고지는 'thefacebook.com'이라는 사이트를 홍보하고 있었다. 당시 페이스북은 아이비리그 이메일 계정이 있어야 가입할 수 있는 폐쇄적인 형식으로 운영되었고, 누구와 누구를 연결시켜준다고는 하지만 명확하게 수익을 내는 비즈니스 모델은 전혀 눈에 띄지 않았다. 처음에는 별 볼일 없이 망할 것 같다고만 생각했는데, 2006년 한 기사에서 다음 문장을 읽고는 큰 충격을 받았었다. "페이스북은 소프트웨어 회사가 아니다. 우리는 플랫폼이다." 당시의 페이스북은 이렇다 할 비즈니스 모델조차 갖추지 못했었지만 자신의 정체성을 '플랫폼'이라 정의내리는 혜안이 있었던 것이다.

플랫폼은 스스로 일하지 않고 규칙을 만드는 룰 세터Rule Setter다. 시스템에 참여하는 공급자들을 경쟁시키고, 소비자를 유인하며 자신의 판을 키울 뿐이다. 그래서 플랫폼은 자체적인 생산성보다 확장 가능성, 유연성, 빠른 속도를 핵심역량으로 하며, 이 특징들이 바로 플랫폼 성공의 관건이 된다.

오프라인 부동산 유형 중에도 플랫폼과 유사한 성격의 비즈니스

주체가 있다. 바로 쇼핑몰이다. 쇼핑몰 사업자는 공간을 임대해 여러 업체를 입점시킨 후 그들끼리 경쟁시킨다. 예를 들면 아디다스Adidas, 나이키Nike, 푸마PUMA 등 비슷한 업종의 가게들을 한 곳에 모아 경쟁하도록 하는 것이다. 시간이 지나 매출이 떨어지는 업체가 있으면 내보내고 새로운 업체를 입점시킨다. 이렇게 리테일 부동산 영역에서 좋은 임차인들을 고르는 일을 '임차인 믹싱(Tenant Mixing)'이라고 칭한다.[6]

쇼핑몰 운영업체는 규칙을 정하는 입장으로서 쇼핑몰 내부에 자신이나 수요자가 원하는 제품 및 서비스 공급자를 집어넣을 수 있다. 이렇게 운영규칙을 정하는 측면과 나름의 유연성이 있다는 점이 플랫폼과 유사하다.

대형 쇼핑 복합공간 하남 스타필드

하지만 오프라인 쇼핑몰은 온라인 환경과 달리 '확장 가능성' 부분에서 능력이 여실히 떨어진다. 어느 날 쇼핑몰의 매출이 올랐다고 해서 갑자기 그 다음날 2배, 혹은 10배로 쇼핑 공간을 확장하는 것은 불가능하기 때문이다. 온라인 쇼핑몰이 성장할 때 필요로 하는 자원보다 오프라인 쇼핑몰 건설에 들어가는 자원(토지 취득, 인허가, 건설, 임차인 선정, 홍보·마케팅, 운영 등)이 훨씬 크고, 속도 또한 당연히 뒤처질 수밖에 없다. 따라서 오프라인 리테일 상업시설은 온라인 쇼핑몰과의 경쟁에서 우위에 서기가 매우 힘들다. 오프라인 쇼핑몰과 온라인 쇼핑 플랫폼은 비슷한 특성이 있음에도 불구하고 속도와 확장 가능성에서 큰 차이가 나 확연히 다른 결과를 낸 것이다.

플랫폼, 도시를 바꾸다

그렇다면 온라인 플랫폼들은 어떻게 오프라인 도시 공간을 바꾸고 있을까? 최근 들어 '인스타그래머블instagramable 공간(인스타그램에 올릴 만한 공간)', '인스타그래머블 도시'라는 용어가 빈번하게 사용되고 있다.[7] '인스타그램'이라는 플랫폼에 예쁘게 올릴 수 있는 공간과 도시가 각광받고 있다는 뜻이다. 수요자들은 예쁜 비주얼을 제공하는 공간과 도시에 관심을 기울이며 이러한 조건을 갖춘 공간과 도시만이 소비자를 유입시킬 수 있다. 이는 비주얼 기반 플랫폼이 공간(부동산)과 도시를 바꿀 수 있고 실제로 바꾸고 있다는 강력한 신호다.

인스타그램이라는 이미지 중심의 플랫폼이 도시 공간을 바꾸고 있

2015년의 익선동

2021년의 익선동

는 예를 하나 들어보려 한다. 두 장의 사진 중 위쪽은 인적이 드문 길로, 골목에 쥐가 죽어 있고 고양이가 지붕을 넘어 다니던 강북의 한적한 동네를 보여주고 있다. 그리고 아래쪽 사진은 6년 후 같은 동네의 모습이다. 이곳은 아무도 방문하지 않던 인지도 최하의 지역에서 아주 짧은 기간에 글로벌 핫 플레이스로 탈바꿈한 '익선동'이다.

2010년대 중반까지의 익선동은 쪽방촌으로 상징되던, 열악한 환경의 동네였다. 이곳은 장기간 재개발 제한구역으로 묶여 건물주들이 환경 개선에 큰 관심이 없었다. 대다수 건물들은 자연스레 노후화되었고 주민들도 하나둘씩 떠나고 있었다.

하지만 비록 겉모습은 남루해 보인다 해도, 익선동은 무척 매력적인 요소들을 갖춘 동네였다. 2010년대 초중반, 서울에 한옥이 집단적으로 모여 있는 곳은 대표적으로 삼청동, 가회동, 계동의 북촌, 익선동, 창신동, 보문동, 공덕동 일대 등이 있었다. 그런데 2010년 후반에 접어들며 각종 재개발로 보문동과 공덕동의 다양한 한옥들은 자취를 감추게 되었다. 한옥집단지구가 남은 곳이 손에 꼽히게 줄어든 것이다. 이는 달리 생각하면 '어떤 지역에 한옥이 집단적으로 남아 있다'라는 사실만으로도 매우 차별적인 조건이 된다는 것을 뜻한다. 작은 골목에 접어들면 바로 펼쳐지는 한옥집단지구, 전통적인 건물 외부와 달리 세련되고 모던한 내부의 반전은 사람들에게 차별적 경험을 선사하기 충분했다. 익선동은 그 외에도 종로3가역이라는 강력한 대중교통망이 있고, 국악(음악), 한복(패션), 보석 산업이 모여 나름의 산업적 배경도 갖추고 있는 등 매력이 많은 지역이었다.[8]

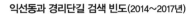

익선동과 경리단길 검색 빈도(2014~2017년)　　　　　　　　출처_네이버

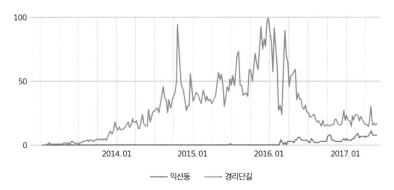

이렇듯 역사, 문화, 산업 자원을 골고루 갖추고 대중교통 접근성까지 보유한 익선동은 소위 '핫 플레이스'가 되기에 좋은 조건을 갖춘 곳이었다. 따라서 당시 익선동의 부상은 어느 정도 예상할 수 있었지만 그 속도는 상상 이상이었다.

2010년대에 익선동에 앞서 핫 플레이스로 뜬 곳은 이태원 인근의 경리단길이다. 당시 가장 화제였던 지역 중 한 곳인 경리단길과 익선동의 네이버 검색 빈도를 살펴보면, 2가지 놀라운 점을 발견할 수 있다. 하나는 2013년까지 알려지지 않았던 경리단길이 2014년부터 급격히 상권화되었다가 불과 4년 후에 쇠락한 것이다. 두 번째는 2016년까지 거의 알려지지 않은 지역이었던 익선동이 금세 경리단길을 제치고 2017년 후반부터 엄청난 화제를 일으킨 것이다. 익선동은 한 사진작가가 운영하는 카페가 들어서며 조금씩 입소문이 일어나기 시작

상점이 가득 들어선 익선동 골목

했고 이후 다양한 업소들이 그 뒤를 따르며 안정된 상권을 형성했다.

이런 급부상이 가능했던 것은 바로 인스타그램을 위시한 플랫폼의 존재 덕분이다. 많은 홍보·마케팅 방식이 인스타그램이나 유튜브 같은 비주얼 기반 플랫폼을 중심으로 재편되고 있다.[9] 이들 플랫폼은 리테일 상인들에게는 마케팅의 절대적인 수단이며 소비자들에게는 상점 방문의 중요한 가이드가 된다. 사람들은 플랫폼을 통해 특정 공간이나 제품과 중간과정 없이 직접 연결된다. 인스타그램 피드 속 매력적인 사진을 보고 일단 방문해보고 싶다는 생각이 들면 그 공간이 어디에 있든 적극적으로 찾아 나선다. 심지어 간판 없이 숨어 있는 작은 카페나 바 등도 곧잘 찾아낸다. 익선동도 플랫폼이 공간과 사람을 직접 연결해 방문이 이루어진 경우다. 그곳에서의 차별적 경험과 매력적인 비주얼이 방문객들의 인스타그램 계정을 통해 퍼져나가며 엄청나게 빠른 성장을 이룰 수 있었다.

불과 3~4년 만에 전 국민이 한 번은 들어봤을 상권이 흥했다가 망하고, 이름도 들어보지 못한 상권이 글로벌 핫 플레이스가 되는 현상은 사실 무척 무서운 일이기도 하다. 특히 한 번 쇠락한 상권은 다시 살아나기 어렵다는 점에서 공간의 '유행'을 이끄는 플랫폼의 영향력을 심각하게 들여다볼 측면도 있다.

[EBS 비즈니스 리뷰] "플랫폼도시의 탄생"

오프라인 리테일의 붕괴

: 더는 쇼핑몰에 갈 이유가 없다 :

오프라인 기반 리테일 업체들은 심각한 위기에 처해 있으며, 이런 격변이 상업용 부동산 시장에 주는 충격은 매우 크다. 아마존과 같은 대형 모바일 플랫폼이 부동산 경제 생태계의 파괴자가 된 것이다.

줄줄이 무너지는 백화점들

2020년 들이닥친 코로나 사태로 인해 전 세계의 오프라인 리테일은 심각한 위기에 접어들었다. 그중에서도 리테일 부동산 업계에서 가장 충격적이었던 사건은 럭셔리 백화점의 대명사 '니만 마커스Neiman Marcus'의 파산보호 신청 소식이었다.[10] 1907년에 설립돼 100년 이상의 전통을 가진 니만 마커스는 뉴욕의 최고급 백화점 버그도프 굿맨Bergdorf Goodman의 모회사이기도 하다. 니만 마커스의 파산 신청은 국내 최고급 럭셔리 백화점이 파산을 신청한 것과 다름 아닌 충격이었다.

코로나 대유행으로 인한 경기 위축이 니만 마커스를 비롯한 오프라인 기반 상업시설에 큰 타격을 준 것은 맞다. 하지만 오프라인 상업시설의 붕괴 조짐은 이미 5년 전부터 있었다. 그 조짐을 단적으로 보여주는 예는 2016년 8월, 160년 전통의 메이시스Macy's 백화점이 2017년 중순까지 100여 개의 지점을 폐쇄한다는 뉴스였다.[11] 이날 발표된 폐점 예정 지점의 수는 메이시스 전체 백화점의 15%에 해당하는 수치였다.

2009년 부산의 신세계백화점 센텀시티점이 생기기 전까지 '세계에서 제일 큰 백화점'이라는 타이틀의 소유자는 메이시스 백화점의 맨해튼 헤럴드 광장 지점이었다. 메이시스는 2014년 미국 유통업체 수익 15위라는 기록을 남긴 이후 지속적인 매출 감소와 수익성 악화로 고전해왔다. 2015년 크리스마스와 연말, 백화점 업계에서는 가장

최근 파산 신청을 한 럭셔리 백화점 니만 마커스

맨해튼의 헤럴드 광장에 위치한 메이시스 백화점

바빠야 할 시즌의 매출이 전년 대비 5.2%나 감소하는 등 상황이 악화되며, 메이시스는 2016년 66개의 지점이 문을 닫은 것을 시작으로 2017년 15지점, 2018년 12지점, 2019년 40지점, 2020년 56지점이 폐점했다.[12]

다시 말해 코로나 사태 이전부터 오프라인 기반 백화점들은 심각한 위기에 처해 있었고, 거기에 팬데믹이 결정적인 한 방을 먹인 것이다. 이러한 상황은 백화점 개점과 폐점 통계에 그대로 나타난다. 미국 내 백화점 개점 수를 보면 2016년 3,440곳이 개점한 데 비해, 2020년에는 그 수가 1,460곳으로 급감했다. 폐점 수는 2016년 3,880곳에서 2020년 13,110곳으로 급증했다.[13] 개점은 줄고 폐점은 늘어나며 미국 내 백화점 점포 수는 계속해서 줄어들고 있다.

미국 내 백화점 점포 수 추이(2015~2025년)
출처_ Statista(Vox Media; US Census Bureau; IBISWorld)

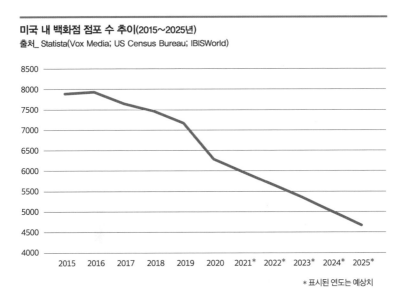

* 표시된 연도는 예상치

미국 백화점 업계의 심각성은 물론 매출 변화에서도 나타난다. 미국 백화점들은 1990년대 지속적으로 매출이 성장하다가 2000년을 기점으로 매출이 하락했으나, 다시 2000년대 중반(2003~2007년)이 되어서는 나름대로 괜찮은 매출 수준을 유지했다. 그러나 2008년 글로벌 위기를 겪은 후 현재까지 매출액은 매우 빠르게 감소하는 추세를 보이고 있다.

이런 현상은 미국만의 문제가 아니다. 일본 역시 폐업하는 백화점이 줄을 잇고 있다. 320년 역사를 자랑하는 오누마 백화점이 지난해 1월 파산 신청을 했다. 소고 세이부 백화점을 비롯, 도쿄 세가 아키하바라, 고베 도큐핸즈 등도 일부 매장들을 정리하며 폐업 행렬에 동참했다. 전국 주요 도시에 거점을 둔 백화점들이 속속 문을 닫고 있는

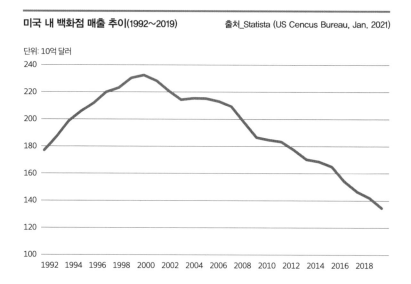

미국 내 백화점 매출 추이(1992~2019)　　　출처_Statista (US Cencus Bureau, Jan. 2021)

단위: 10억 달러

실정인 것이다.

위기는 비단 백화점뿐만이 아니다. 대형 유통 체인들의 상황도 매우 심각하다. 미국의 주요 유통기업별 오프라인 매장 폐점 현황을 보면, 2017년 전자기기 매장인 라디오색RadioShack(1,430개점 폐점), 신발 할인매장인 페이레스 슈즈소스Payless ShoeSource(900개점 폐점), 2018년 장남감 판매장 토이저러스Toys-R-Us(735개점 폐점), 전자기기 매장 베스트 바이Best Buy(250개점 폐점), 의류업체 갭Gap(200개점 폐점) 등 굴지의 회사들이 폐점을 이어가고 있다.[14]

상업용 부동산의 파괴자

오프라인 상업시설은 경기가 매우 좋았던 2010년대 중반부터 큰 위기에 봉착해 있었다. 가장 큰 원인은 온라인·모바일 쇼핑몰의 급성장과 경쟁우위였다. 온라인 리테일 쇼핑몰은 빠르게 성장해왔고 여전히 성장 중이다. 중국의 대표적인 온라인 쇼핑몰 '알리바바'의 광군제 매출이 얼마나 빠르게 증가했는지를 보면 이를 잘 알 수 있다. 매년 11월 11일 개최되는 중국 최고의 온라인 쇼핑 행사인 광군제의 매출 규모는 2009년 0.5억 위안(약 90억 원)을 시작으로 2010년에는 9억 위안(약 1,624억 원), 2016년에는 912억 위안(약 16조 4,500억 원), 2018년에는 2,135억 위안(약 38조 5,260억 원)을 기록하는 등 매년 30%를 넘어서는 성장률을 구가해왔다. 2020년 광군제 시즌 11일간의 매출액은 무려 4,982억 위안(약 83조 원)에 달한 것으로 발표되기도 했다.[15]

알리바바 광군제 매출액 추이

출처_Statista

연도	총 매출액(1억 위안)	총 매출액(10억 달러)
2009년	0.5	-
2010년	9.4	-
2011년	52	0.82
2012년	191	3.04
2013년	350	5.8
2014년	571	9.3
2015년	912	14.3
2016년	1,207	17.79
2017년	1,682	25.3
2018년	2,135	30.8
2019년	2,684	38.4
2020년*	4,982	74.1

* 알리바바측에서 발표한 형식을 따라 2009~2019년은 하루 매출액, 2020년은 11월 1일부터 11일까지의 매출액을 표시했다.

사실 오프라인 리테일 산업 전반에 걸친 위기는 상당히 의외인 면이 있다. 2010년대 중반 이후 미국의 경제 상황은 매우 양호한 편이었기 때문이다. 경제 상황이 좋은 지수를 나타낼 때 사람들은 과거에 비해 소비를 많이 한다. 따라서 리테일 전반의 매출이 늘고 지점은 더 많아져야 정상이지만, 어쩌면 이는 전통적인 경제구조에서나 통하는 얘기인지도 모른다.

뉴노멀New Normal의 시대, 우리는 강력한 모바일 플랫폼이 오프라인으로 진출하는 것을 목도하고 있다. 소비자들은 더 이상 오프라인 기반 쇼핑에만 목을 매지 않는다. 오히려 오프라인에서는 물건을 확인만 하고 대부분의 쇼핑을 온라인·모바일 플랫폼으로 한다. 오프라인 기반 리테일 업체들은 절체절명의 위기에 처해 있으며, 이런 격변이 상업용 부동산 시장에 주는 충격은 매우 크다. 대형 모바일 플랫폼이 부동산 경제 생태계의 파괴자가 된 것이다.

무너지는 리테일의 후폭풍

세계적인 럭셔리 브랜드, 백화점, 대형 유통업체 등 리테일 각 영역의 붕괴는 부동산 개발·운영업체와 부동산 투자금융회사 등의 업계에 대단히 큰 영향을 미치고 있다. 리테일 상업시설이 줄줄이 무너지고 있는데 이 '후폭풍'은 어느 정도일까? 소매유통업이 부동산 시장과 금융업 등 관련 산업에 미치는 영향을 이해하기 위해서는 먼저 이들 간의 관계를 세밀히 살펴보아야 한다.

미국과 유럽에는 대형 쇼핑몰을 전문적으로 개발하는 쇼핑몰 개발·운영회사들이 있다. 파주와 여주 등지에서 신세계와 함께 프리미엄 아웃렛 매장을 운영하는 '사이먼프로퍼티Simon Property' 같은 회사가 대표적이다. 이런 쇼핑몰 개발·운영회사들은 크게 두 가지 타입의 임차인들로 거대한 쇼핑몰을 채우고 이들로부터 임대수익을 얻는다.

첫 번째 타입의 임차인은 거대 백화점으로 메이시스, 삭스 피프스 애비뉴Saks Fifth Avenue, 시어스Sears, 니만 마커스, 한국의 롯데백화점과 신세계백화점 등이 해당한다. 두 번째 타입은 꽃 가게, 옷 가게, 신발 가게, 음식점 등의 작은 소매점들이다. 그런데 이 둘 중 쇼핑몰 개발·운영업체에 더 높은 평당 임대료를 지불하는 쪽은 백화점이 아니라 작은 소매점이다. 소비자들은 앵커(소비자를 끌어들이는) 역할을 하는 매장에서의 쇼핑을 위해 쇼핑몰을 방문하는 만큼, 쇼핑몰 운영업체는 앵커 역할에 뛰어난 백화점들에게 더 낮은 임대료라는 인센티브를 제공해서라도 그들을 입점시키고자 한다. 대신 판매 영향력이 미약해 앵커 역할을 하지 못하는 작은 소매점들로부터 더 높은 평당 임대료를 받는다.

서구형 쇼핑몰은 일반적으로 확정 임대료가 아니라 임차인의 매출에 연동된 비율로 임대료를 받는다. 즉 임차인의 매출액이 높을수록 쇼핑몰 운영업체가 받는 임대료가 증가하며 종국에는 이들의 수입이 증가하는 것이다.

또한, 대개 쇼핑몰은 아령 구조로 개발되고 맨 가장자리에 앵커를 위치시킨다. 그래야 앵커를 방문하고자 하는 쇼핑객들이 앵커(백화점)와 앵커 사이를 돌아다니면서 작은 가게에 들러 물건을 살 확률이 올라가기 때문이다. 예를 들어 플로리다 소재 쇼핑몰 웨스트 오크스 몰 West Oaks Mall은 대표적인 아령 구조의 건물이다. 앵커가 되는 백화점(딜라드Dillard's와 JC페니 JCPenney)은 맨 가장자리에 위치하며 긴 통로 좌우(A, B, C, D 블록)에는 일반 상점들이 배치되어 있다.

그런데 지금처럼 백화점들이 줄줄이 문을 닫는다는 것은 백화점

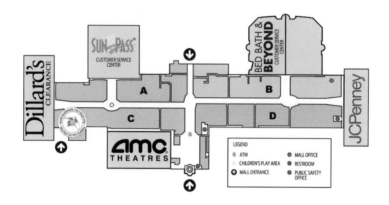

이 쇼핑몰에서 더 이상 앵커 역할을 하지 못한다는 이야기와 다름없다. 이들이 앵커가 되지 못한다면, 사람들은 쇼핑몰에 갈 이유가 사라진다. 그들은 작은 소매점 한두 곳을 방문하기 위해 시간을 내 교외로 차를 몰고 쇼핑몰을 방문하지는 않기 때문이다. 단지 한 잔의 커피를 원하는 소비자들은 집이나 사무실에서 가까운 커피숍을 가고, 간단한 물품이 필요하면 가까운 마트나 편의점을 이용하면 그만이다. 결론적으로 앵커 역할을 하지 못하는 작은 소매점들로 구성된 쇼핑몰은 심각한 매출 타격을 입을 수밖에 없다.

따라서 백화점이 쇠락하고 있는 현상은 쇼핑몰 개발·운영업체에게는 치명적이다. 2016년 이후, 미국 쇼핑몰의 앵커 역할을 담당해온 백화점이 위축되며 쇼핑몰의 방문 고객이 줄었다. 그러자 자연히 평당 임대료를 더 많이 내는 작은 소매점들도 장사가 잘 되지 않아 쇼핑몰은 이전과 동일한 수준의 임대료 수익을 거둘 수 없게 됐다. 쇼핑몰 운영업체의 매출과 순익이 급감하게 된 것이다.

대표적인 대형 쇼핑몰 개발·운영업체 '사이먼 프로퍼티'의 주가 추이를 보면 쇼핑몰이 얼마나 큰 위기에 처했는지 알 수 있다. 사이먼 프로퍼티 주가와 다우존스 지수(Dow Jones industrial average)를 함께 살펴보자. '다우존스 지수'란 미국 30개 대표 종목의 주가를 산술평균한 것으로, 미국 증권시장의 동향을 알려주는 대표적인 지표다.

다우존스 지수는 2014년 이후 꾸준히 상승하며 경기가 상당히 회복되고 있음을 보여줬다. 특히 2016년 이후의 성장세는 놀라운 수준으로, 2014년부터 2018년까지 5년간 다우존스 지수는 약 70% 정도 상승했다. 경기가 이렇게 좋다면 리테일 쇼핑 관련 업체의 지수 역시 상승하거나 최소한 이와 비슷한 트렌드를 보여주는 것이 상식일 것이다. 그러나 사이먼 프로퍼티의 주가 추이는 상식과 달리 한다.

다우존스 지수(DJI)와 사이먼 프로퍼티(SPG) 주가 추이(2010~2021년 2분기)
출처_Yahoo Finance

2013년부터 2016년 7월까지 사이먼 프로퍼티의 주가 상승률은 다우존스 지수의 평균을 상회했음에도, 2016년 이후 다우존스 지수가 큰 폭으로 상승할 때 사이먼 프로퍼티의 주가는 대략 30% 폭락했다. 이후 사이먼 프로퍼티의 주가는 약간 회복되는 듯했으나, 2020년 코로나 위기가 심화되는 시기 또 한 번 대폭락을 경험했다. 현재 주가는 2018년의 저점대에서 횡보하는 중이다. 결국 사이먼 프로퍼티 주가 추이가 말해주는 것은 분명한 쇼핑몰의 위기이다. 그리고 이런 위기의 원인은 플랫폼과 연결되어 있다.

플랫폼 기업의 성장은 더욱 빨라지고 우리는 현재 '플랫폼도시'에 살고 있다. 오프라인 상업시설이 붕괴되는 것은 플랫폼도시의 가장 큰 특징 중 하나로 우리가 살고 있는 공간, 즉 부동산에도 엄청난 변화를 일으키고 있다.

물류부동산

: 배송이 생명인 뉴리테일의 시대 :

물류업과 유통업의 경계는 허물어지고 있다. 기업들은 이커머스e-commerce, 플랫폼, IT 기술, 리테일, 물류 역량을 총동원해 시장점유율을 높이기 위한 고객 확보 전쟁에 돌입했다. 경쟁의 핵심은 얼마나 정확하게 수요를 예측하고 얼마나 빠르게 고객에게 물건을 전달하는지에 달려 있다.

쇼핑의 진화, 부동산을 뒤흔들다

19세기 산업도시에는 공장과 창고 같은 산업시설들이 도시 내부에 위치했다. 하지만 20세기에 들어 도시 형태가 서비스도시로 변모하며 산업시설은 도시 외부로 밀려났다. 공장과 창고 등이 오피스나 리테일 상업용도에 비해 평당 임대료를 높은 수준으로 지불할 수 없어 토지 용도 간 경쟁에서 밀리게 된 것이다. 그런데 온라인·모바일 플랫폼 시대의 도래는 이러한 토지 용도 간 경쟁에 새로운 변화를 불러오고 있다. 앞서 말했듯 온라인·모바일 플랫폼의 성장은 전자상거래의 성장과 연결되고, 이는 필연적으로 오프라인 리테일의 위기로 이어지기 때문이다.

실제로 전 세계 전자상거래의 매출 추이를 보면 그 성장 속도가 우리의 상상 이상이라는 것을 알 수 있다. 전자상거래 규모는 2015년 1조 5,480억 달러에서 2021년 4조 8,910억 달러로 늘어났으며 2024년에는 6조 3,880억 달러가 될 것으로 예상된다. 10년간 약 4.13배나 증가한 것이다.[16] 매출액뿐만 아니라 전체 소매 거래에서 전자상거래가 차지하는 비중 역시 크게 늘었다. 2015년 7.4%였던 비중은 2020년 18%로 급증했고, 2024년에는 21.8%까지 그 수치가 올라갈 것으로 예상되고 있다.[17] 국내에서도 이런 흐름은 마찬가지다. 통계청 자료에 따르면 2020년 국내 연간 소매 판매액 중 온라인 쇼핑이 차지하는 비중은 27.2%로, 2019년에 비해 5.8%p 늘었다고 한다.

이렇듯 전 세계에서 공통으로 나타나는 온라인 거래의 매출액 및 비중 증가가 부동산 시장에 시사하는 바는 크게 두 가지다.

첫째, 온라인 거래가 활성화되는 것과 달리 오프라인 리테일 시장은 매우 **빠른** 속도로 위축되고 있다.

둘째, 온라인 거래 증가에 따른 배송 수요를 소화하기 위해 창고 및 물류업의 중요성이 점차 부각되고 있다.

오프라인 리테일이 붕괴되고 있다는 것은 앞서 설명했으므로 여기서는 물류업과 리테일에 대해 이야기해보려 한다. 최근 창고·물류업의 중요성이 커지며 새로운 온·오프라인 통합 추세가 나타나고 있다. 리테일에서 온라인과 오프라인은 각자 역할을 분담하고 있는데, 온라인에서 제품에 대한 정보를 제공하고 주문을 접수하면 오프라인에서 제품을 보관 및 수송하는 식이다. 요즘은 온·오프라인의 역할이 통합되며 보다 빠르고 저렴하게 제품을 공급하는 것이 가능해졌고, 이는 곧 기업의 경쟁력과 직결되고 있다.

글로벌 전자상거래 기업 아마존이 아마존북스Amazon Books, 아마존고Amazon Go, 아마존4스타Amazon 4-star, 홀푸드Whole Foods와 같은 오프라인 매장을 운영하는 것이나, 신세계가 온라인 쇼핑몰 SSG닷컴을 출범하고 이베이eBay코리아를 인수한 것은 온·오프라인 통합의 대표적 사례다. 기업의 경쟁력을 위해 온·오프라인 사업의 경계를 허물고 그 사이에서 시너지를 창출하려는 것이다.

아마존은 왜 물류부동산에 주목할까?

　여기서 온라인 플랫폼의 절대 강자 아마존의 핵심 경쟁력에 대해 살펴볼 필요가 있다. 아마존은 강력한 온라인·모바일 플랫폼을 통해 다양한 상품들을 판매하고 있다(물론 클라우드 컴퓨팅과 같은 기타 다양한 서비스도 제공하고 있으나 주요 비즈니스는 기본적으로 온라인 판매다). 아마존의 서비스 중 주목할 만한 것이 있는데 그중 하나는 '아마존 프라임 Amazon Prime'이다. 이는 1년에 99달러(월 이용료는 12.99달러)를 지불하면 가입할 수 있는 멤버십으로 가입자에게는 프라임 비디오, 뮤직 등 다양한 스트리밍 서비스 혜택이 주어진다. 그러나 무엇보다도 아마존 프라임의 가장 큰 혜택은 수백만 군의 판매 상품을 단 2일 내에 받아

아마존 프라임 멤버십 혜택　　　　　　　　　　　출처_아마존 프라임 홈페이지

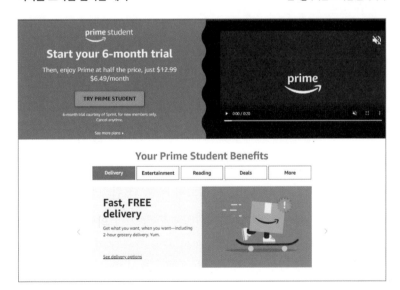

아마존의 초대형 물류센터　　　　　　　　　출처_ Amazon Press Center

볼 수 있다는 점이다. 아마존에서도 자신들이 제공하는 '빠른 배송'을 프라임 서비스의 최장점으로 내세워 홍보하고 있다.

　아마존의 사업은 기본적으로 온라인·모바일 시장을 통해 물건을 판매하며 상품을 최대한 신속하고 안전하게 배달하는 것을 목표로 한다. 따라서 상품 판매 회사이자 배송 회사로서의 아마존에게 있어 프라임 서비스는 배송의 안정성을 강조한 측면이 크다. 그렇다면 아마존 경쟁력의 관건은 최종 고객에게로의 배송, 즉 라스트 마일 딜리버리 Last Mile Delivery를 얼마만큼 안정적이고 빠르게 하느냐에 달렸다. 그래서 아마존은 오프라인 판매자들과의 판매 경쟁 못지않게 오프라인 배송 체계를 구축하는 일에도 심혈을 기울이고 있다. 드론 배송이라는 파격적인 행보 역시 이러한 노력의 연장선에서 이해돼야 한다.

아마존은 또한 배송의 질을 높이기 위해 도시 외곽에 엄청난 규모의 물류시설을 직접 건설해 운영하고 있다. 프로로지스Prologis(창고를 개발하고 운영하는 미국의 거대 부동산 회사)등 기존의 물류 개발 부동산 업체들과도 경쟁 관계에 있는 것이다.

물류 창고, 다시 도시로 돌아오다

라스트 마일 딜리버리란 물류 업체가 상품을 소비자에게 직접 전달하는 '배송의 마지막 구간'을 의미한다. 이 구간을 관리하는 것은 현재 유통 전쟁에서 가장 중요한 전략으로 주목받고 있다. 라스트 마일 딜리버리는 물류 과정에서 비용이 가장 많이 소요되는 구간으로 기업들이 가장 많은 공을 들이는 부분이기도 하다. 앞으로는 배송 역시 고객의 성향과 라이프스타일에 맞춘 다양한 옵션이 각광받을 것으로 전망되기 때문이다.

라스트 마일 딜리버리의 반대쪽에는 퍼스트 마일 딜리버리First Mile Delivery가 있다. 퍼스트 마일 딜리버리는 '제조사가 상품을 물류센터까지 인도하는 구간'이다. 이 구간의 배송은 계획적이고 집중적인 대규모 벌크 화물이 주를 이뤄, 라스트 마일 배송의 불규칙적이고 분산적인 소형 상품과는 성격이 다르다. 온라인·모바일 쇼핑 환경에서는 다양한 공간에 분산된 소비자의 소규모 주문이 불규칙하게 발생한다.

따라서 기존의 교외 대규모 보관센터로는 신속한 배송 서비스를 제공하는 데에 한계가 있다.

도시에서 라스트 마일 딜리버리의 중요성은 더욱 커지고 있다. 아마존의 '무료 2시간 배송(Free 2-Hour Delivery)'처럼 더 빠르고 안전한 배송을 위해서는 도시 중요 지역(교통 요지 인근)에 작은 규모의 창고 및 배송센터를 건설할 필요가 생겼다. 모바일 플랫폼 회사들의 막강한 자금력을 볼 때 '도심 속 작은 물류창고'는 시기의 문제일 뿐, 이들이 오프라인 도시 공간에 물류·배송을 위한 공간을 창출할 것은 쉽게 예상 가능한 일이다. 따라서 앞으로는 과거처럼 창고와 물류업체가 리테일에 밀려 외곽으로 나가는 것이 아니라, 창고업이 도심에서 리테일의 기능을 보완할 가능성이 크다.

플랫폼의 성장에 맞춰 물류업와 유통업의 경계는 허물어지고 있다. 기업들은 이커머스e-commerce, 플랫폼, IT 기술, 리테일, 물류 역량을 총동원해 시장점유율을 높이기 위한 고객 확보 전쟁에 돌입했다. 경쟁의 핵심은 얼마나 정확하게 수요를 예측하고 얼마나 빠르게 고객에게 물건을 전달하는지에 달려 있다.

그러나 최근 SCM(공급망관리) 시스템을 보면 기업들이 단순히 제품을 빠르게 유통하고 재고를 최소화하는 것에 그치는 것이 아니라, 최종 소비자의 복잡한 서비스 요구 수준을 만족시키기 위해 노력하고 있음을 알 수 있다. 물류센터 자체의 서비스 역량(재고 관리, 포장, 배송 등)을 고도화하고 고객의 요구에 실시간으로 대응할 수 있는 풀필먼트센터Fulfillment Center(FC)를 구축하는 것이다. 이는 소비자에게로의 배송뿐만 아니라 반품 및 재고현황 정보 등 쇼핑의 편의성을 증진하는 역량과도 밀접하게 연관되어 있어 더욱 중요하다.

수도권 외곽에 위치한 연면적 10만 평(약 330,578m²)에 육박하는 초대형 풀필먼트의 수요가 늘어나고 있다. 동시에 도심 내에는 고객과 최대한 가까운 곳에 소규모로 분산된 도심형 물류시설이 들어서고 있다. 4차 산업혁명으로 인해 첨단 기술을 사용한 '스마트물류'가 각광받으며 창고·물류업체의 확장 및 도심 진출은 더욱 본격화될 것으로 보인다. 다크 스토어Dark Store, 드론 배송, 물류 로봇, 도심 압축형 MFC(Micro-Fulfillment Center) 분류 시스템, 이동형 MFC, 물류 컨베이어 벨트 등 배송 관련 기술이 발전과 진화를 거듭하고 있다. 과거에는 상상도 못 했던 '물류 혁명'이 이미 시작되었다.

빠르게 더 빠르게, 즉시 배송의 시대

배달 플랫폼, 대형마트, 편의점, 백화점, 배달대행업체, IT 기업 등은 시장점유율 높이고 고객에게 더 가까이 다가가기 위해 자체 물류 인프라를 구축하거나 역량 있는 업체와의 파트너십으로 배송 서비스를 제공하고 있다.

2015년, 온라인·모바일 주문 플랫폼 혁신으로 소매 유통사업에 정보통신기술(ICT)을 접목한 '리테일테크Retailtech'가 급부상했다. 리테일테크로 인해 간편결제 서비스와 멤버십 서비스가 일반화됐고, 익일

배송과 새벽배송, 당일배송이 시장의 보편적인 서비스로 자리매김했다. 2021년에 들어서는 주문 후 1시간 이내에 배송이 완료되는 '퀵커머스Quick-Commerce' 형태로까지 배송이 진화했다. '즉시 배송' 경쟁이 시작된 것이다. 서울에서는 강남구와 송파구 일대가 라스트 마일의 시험 장소가 되었다. 이 지역은 구매력이 높은 1인 가구와 20~30대 인구가 밀집되어 있고 배송인력 모집 또한 용이하기 때문이다.

국내 유통업체들이 퀵커머스와 관련해 새롭게 시도하고 있는 배송 서비스를 살펴보자.

배달 플랫폼 퀵마트

국내에서 퀵커머스 시장이 주목받기 시작한 시점은 2019년 배달의민족이 식료품·생필품 즉시 배송 서비스 브랜드 'B마트'를 출범하면서부터다. B마트는 서울과 수도권 지역에 30여 개의 '도심 물류센터'를 만들었고, 출범 1년 만에 2,000억 원대의 매출을 올리며 급속도로 성장했다.[18] 이후 배달대행 인프라를 갖춘 배달앱 요기요가 요마트(2020)를, 쿠팡이 쿠팡이츠마트(2021)를 내보이며 퀵커머스 전쟁에 후발주자로 가세했다.

편의점

GS25는 2020년 6월부터 도보 배달 서비스인 '우리동네 딜리버리'를 시행했다. 편의점 반경 1.5km 이내 지역을 대상으로 생필품 및 자체 브랜드 상품을 배송하고 있다. 곧 이어 CU, 세븐일레븐도 인근 배

주요 퀵커머스 서비스(배달 플랫폼)

구분	B마트	요마트	쿠팡이츠마트
기업	배달의민족	요기요	쿠팡
론칭 시기	2019년 11월	2020년 9월	2021년 7월
배송 시간	1시간 이내	30분 이내	15분 이내
배송 카테고리	생활용품, 신선식품 7,000여 품목	신선식품, 가정, 생활, 반려 용품 3,000여 품목	26개 카테고리, 신선식품, 생활용품 및 PB상품
배송 지역	서울, 경기, 인천	강남(시범운영)	송파(시범운영)
자체 물류시설 여부	수도권 32개의 도심형 물류센터 운영	홈플러스와 제휴	송파 MFC
자체 라이더 여부	배민 커넥트 라이더	요기요 익스프레스 라이더	쿠팡 라이더
파트너십	-	홈플러스	-

(2021년 8월 기준)

주요 퀵커머스 서비스(편의점)

구분	GS25	CU	세븐일레븐
기업	GS리테일	BGF리테일	세븐일레븐
론칭 시기	2020 6월	2020년 8월	2020년 7월
배송 시간	49분 이내(평균 17분)	1시간 이내	1시간 이내
배송 카테고리	GS25 상품 1,100여 개, 우리동네마트 3,500여 개 제품	편의점 물품	330여종 제품
배송 지역	편의점 반경 1.5km	편의점 반경 1km	수도권 내 10개 매장 시범운영 뒤 확장
자체 물류시설 여부	편의점 활용	편의점 활용	편의점 활용
자체 라이더 여부	우리동네 딜리버리 '우친'	-	-
파트너십	제네시스BBQ	도보배달 전문업체, 플랫폼(요기요, 오윈, 위메프오, 네이버스마트주문 등)	플랫폼(요기요), 배달 대행(바로고, 부릉) 등

(2021년 8월 기준)

달 서비스를 시작했다.

배달대행업체

배달대행업체인 부릉(메쉬코리아)은 네이버, 피자헛, 롯데리아, 이마트, CJ대한통운 등과 파트너십을 맺고 즉시 배송 서비스를 운영하고 있다. 업계 최초로 송파, 강남 등지에 마이크로풀필먼트센터(MFC) 형태로 냉장·냉동 물류센터를 개점했으며 향후 수도권 지역에 50여 개, 전국 300개까지 확대한다는 계획을 발표했다.[19]

대형마트

대형마트는 막대한 비용이 발생하는 점포들을 방문 고객을 받지 않는 '다크스토어'로 리뉴얼하는 방향으로 사업전략을 선회하기 시작했다. 특히 롯데쇼핑은 2017년, 오프라인 매장이 계속해서 손실을 내

주요 퀵커머스 서비스(대형마트)

구분	신세계	롯데	현대
기업	SSG, 이마트몰 새벽배송	롯데마트 바로배송	현대백화점
배송 시간	새벽 6시 배송	주문 후 2시간 이내	새벽배송, 아침 7시 도착
배송 카테고리	새벽배송 품목 1,000개 이상, 고급 신선식품	롯데마트 제품	유명 맛집, 백화점 식품관 프리미엄 신선식품
배송 지역	전국	서울 일부 및 인천, 경기, 제주 등	압구정점 반경 3km 이내 지역 대상
자체 물류시설 여부	온라인 주문처리, 김포 네오003 센터 일대	스마트스토어, 세미 다크스토어 15개 지점에서 서비스 제공	4대의 냉장·냉동 이동형 MFC가 압구정 본점 주변을 순회하며 배달

(2021년 8월 기준)

자 600여 개 오프라인 점포 중 200개를 정리하겠다고 발표했다. 롯데쇼핑은 대형마트에 입고된 물량을 온라인 주문으로 처리하며 오프라인 매장을 일종의 물류센터로 활용했고, 2시간 이내 즉시 배송을 실현했다. 이 중 잠실점은 세미 다크스토어 도입 전과 비교해 매출이 40%가량 증가했다고 발표했다.[20] 홈플러스와 이마트도 다크스토어 및 마트 내 온라인 주문처리 전용 스마트 분류 기술을 도입할 예정이다.

백화점

압구정 현대백화점은 2021년 하반기부터 반경 3km 지역에 10~30분 내로 신선식품을 배송하는 서비스를 시범운영하고 있다. 풀필먼트와 충전 인프라를 결합한 이동형 MFC가 도로를 주행하다가 주문이 들어오면 즉시 배송하는 방식이다.[21]

쿠팡의 물류 전략

쿠팡은 매우 체계적인 물류 인프라를 갖춘 기업 중 하나다. 여기서는 잠시 쿠팡의 물류 방식과 최근에 출시된 즉시 배송 브랜드인 '쿠팡이츠마트'에 대해 살펴보려 한다.

쿠팡은 '허브 앤 스포크Hub and Spoke' 방식에서 차용한 물류 인프라를 운영하고 있다. 전통적인 의미의 허브 앤 스포크는 각각의 출발지(Spoke)에서 발생하는 물량을 중심 거점(Hub)으로 모으고 물류를 분류하여 다시 각각의 도착지(Spoke)로 배송하는 형태를 말한다. 쿠팡

쿠팡의 수도권 초대형 풀필먼트

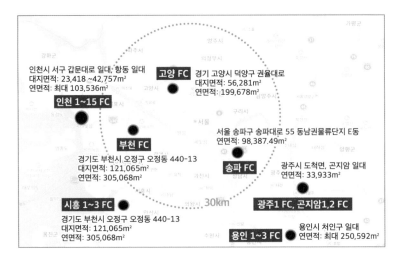

인천시 서구 갑문대로 일대, 항동 일대
대지면적: 23,418 ~42,757m²
연면적: 최대 103,536m²

인천 1~15 FC

고양 FC 경기 고양시 덕양구 권율대로
대지면적: 56,281m²
연면적: 199,678m²

부천 FC
경기도 부천시 오정구 오정동 440-13
대지면적: 121,065m²
연면적: 305,068m²

서울 송파구 송파대로 55 동남권물류단지 E동
연면적: 98,387.49m²

송파 FC 광주시 도척면, 곤지암 일대
연면적: 33,933m²

시흥 1~3 FC
경기도 부천시 오정구 오정동 440-13
대지면적: 121,065m²
연면적: 305,068m²

30km

광주1 FC, 곤지암1,2 FC

용인 1~3 FC 용인시 처인구 일대
연면적: 최대 250,592m²

은 이와 유사하게 물건을 직매입해 거점(Hub)에서 모든 물량을 갖춘 뒤 각각의 소비자(Spoke)에게 배송하는 방식을 택하고 있다. 쿠팡은 도시 외곽에 최대 연면적 10만 평에 육박하는 초대형 풀필먼트센터 (FC)를 갖추고 있고, 그 외에도 도심 및 경계 지역의 배송 캠프, 수요 대응에 따른 모바일 캠프 등 탄탄한 물류 체계를 구축하고 있다.

초대형 풀필먼트센터를 통해 수도권에 들어오는 물량은 일산, 송파, 광주, 고양, 인천 등지에서 출발한다. 서울에 위치한 풀필먼트센터 는 송파가 유일하며 대부분 준공업, 일반상업 지역에 위치하고 있다.

풀필먼트센터에서 발송한 물량은 배송 캠프로 나뉘어 소비자에게 도달하는데 쿠팡 자체의 배송인력에 더해 일반인이 자기 차량으로 배 송하는 개별 배송인력을 모집해 운영되고 있다. 따라서 배송 캠프는

쿠팡의 서울 도심 내 배송 캠프

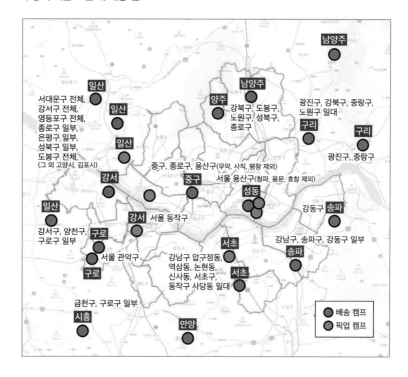

도심 중에서도 차량이 접근하기 쉬운 공터, 주유소, 소형 물류센터 등에 위치하는 경향이 있다. 서울 내 쿠팡 배송 캠프는 중구, 송파구, 서초구, 성동구, 구로구 등에 있고, 해당 지역에 배송하는 것이 아니라 지점을 거점으로 삼아 서울 내륙으로 배송하는 형태를 띤다. 배송 지역이 기존 캠프에서 너무 멀 경우, 도심 내부에 임시로 모바일 캠프 (1,000~10,000m²)를 개설해 유연하게 운영하고 있다.

2021년 7월에 시작한 서비스 쿠팡이츠마트는 냉장·냉동 설비를

쿠팡이츠마트의 도심형 물류센터(MFC)

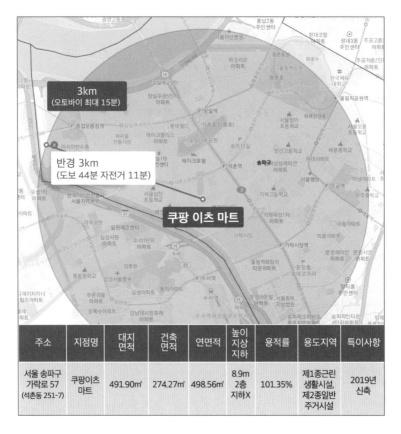

주소	지점명	대지 면적	건축 면적	연면적	높이 지상 지하	용적률	용도지역	특이사항
서울 송파구 가락로 57 (석촌동 251-7)	쿠팡이츠 마트	491.90㎡	274.27㎡	498.56㎡	8.9m 2층 지하X	101.35%	제1종근린 생활시설, 제2종일반 주거시설	2019년 신축

갖춘 쿠팡 최초의 도심형 MFC를 활용하며, 배송을 완료하는 데 걸리는 시간은 최대 15분이다. 송파구 지역을 대상으로 시범운영 중이고 MFC로부터 반경 3km까지만 서비스를 제공하고 있다. 시범운영 중인 1개 거점은 송파 헬리오시티아파트(9,510세대) 인근에 입지했는데, 총 연면적은 150평(약 495㎡)으로 내부를 압축적으로 활용하고 있다. 과일, 채소, 샐러드, 정육, 수산, 계란, 밀키트, 라면 등의 식품부터 우

유, 유제품, 생수 등 식음료, 세제, 화장지, 문구, 반려동물용품 등 생활용품을 26개 카테고리에 걸쳐 판매하고 있다.

쿠팡이츠마트와 경쟁 관계인 배달의민족 B마트의 경우, 소비자가 주문하면 배달원이 그 주문을 받아 B마트 물류센터로 이동해 물건을 픽업하는 방식으로 이뤄진다. 반면 쿠팡이츠마트는 직고용한 라이더가 물류센터 앞에 대기하다 주문이 들어오면 상품을 픽업해 바로 배달을 나가는 방식을 취하고 있다.[22]

물류부동산의 미래는 어떤 모습일까?

아마존은 도시공간을 뛰어넘는 혁신에 도전하고 있다. 물류와 배송에 '하늘'을 활용하는 것이다. 리테일 기업에게 라스트 마일 딜리버리가 아무리 중요하다 해도, 대규모 창고 시설을 토지가격이 비싼 도시 한가운데에 건설할 수는 없는 노릇이다. 고객과의 거리와 토지가격 간의 딜레마는 아마존을 포함한 많은 유통업체의 숙제일 것이다. 아마존은 '도심에는 근접하나 임대료는 내지 않는' 공간을 찾던 중 지표 공간을 초월해 창고를 마련한다는 파격적인 아이디어를 냈다. 비행선을 하늘에 띄워 창고로 활용하는 계획의 특허를 출원한 것이다.[23]

만약 아마존의 물류 비행선 계획이 현실화된다면, 도시공간은 또 다른 혁명적 변화에 직면할지 모른다. 현재 도시의 부동산은 리테일 상업시설이 쇠퇴하는 가운데, 도심에서 밀려났던 물류시설의 도시 진입 가능성이 커지고 있다. 물류 비행선 계획의 실현은 이런 부동산의

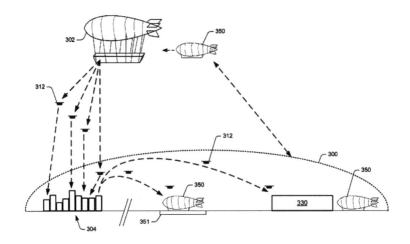

지형도를 다시 한 번 바꿀 수 있다. 물류시설의 입지를 도시에서 퇴출 시킬 수도, 아니 어쩌면 물류시설이 아예 부동산 유형으로 존재하지 않는 미래가 올 수도 있다. 플랫폼이 주도하는 도시공간의 미래는 우리의 상상을 초월할지 모른다.

[미래에셋] "상가투자 VS 리츠·물류ETF"

물류부동산의 부상, 리츠에 주목하라!

배상휘

(켄달스퀘어리츠운용 대표)

본 인터뷰에서 이야기하는 리츠는 다수의 자산을 묶은 '공모 상장' 리츠를 전제로 합니다. 국내에 형성된 소규모 단일자산 사모 리츠 시장은 투자상품으로서의 리츠 고유의 특장점을 반영하는 데에 제한적이라고 판단했습니다.

Q. 리츠REITs란 무엇인가요?

리츠는 부동산 자산 및 부동산 자산의 포트폴리오, 부동산 관련 증권을 기초자산으로 하는 주식회사 형태의 간접투자기구입니다. 다수의 주체가 주식을 매수하는 형태로 부동산에 투자를 하며, 전문성을 가진 운용회사가 부동산을 운영해 투자자에게 배당을 지급하는 형태로 이루어집니다.

Q. 투자자 입장에서 리츠 투자의 최대 장점은 무엇인가요?

◆ 소액투자 가능 ◆

주식을 통해 부동산 자산에 간접적으로 투자할 수 있는 만큼, 일반적으로 개인이 취득, 운영하기 어려운 대형 상업용 부동산 자산에 소액으로 투자가 가능하다는 점이 매력적입니다.

◆ 안정적 배당 ◆

리츠는 현금흐름이 견고한 우량 부동산 자산 중심의 포트폴리오에 대한 투자이며 전문성을 가진 리츠운용사가 운영합니다. 따라서 자산으로부터의 안정적인 배당을 기대할 수 있습니다. 참고로 리츠는 배당가능이익의 90% 이상을 의무적으로 배당해야 합니다.

◆ 높은 유동성 ◆

부동산을 직접 취득하는 것이 아니라 주식 매매를 통한 투자 방식인 만큼, 주식과 마찬가지로 유동성 및 환금성이 높습니다.

◆ 낮은 변동성 ◆

리츠는 일반적인 주식 시장이 불안정한 것에 비해 자산가치의 변동성이 적습니다. 이는 투자 대상 회사의 실질 자산 100%가 부동산 및 부동산 관련 증권이라서 근본적인 현금창출 능력의 변동성이 크지 않기 때문입니다.

Q. 리츠의 종류에는 어떤 것이 있고 각각의 수익률은 어느 정도인가요?

초기 상장 리츠 시장은 오피스 자산 등을 위주로 상품이 공급되었지만, 이후에는 판매시설, 주유소, 물류시설, 해외 자산 등 다양한 자산군으로 확대, 제공되고 있습니다. 2021년 9월을 기준으로 국내에는 14개의 리츠가 상장되어 있고, 각각의 시세와 등락률 등은 KRX 정보데이터시스템을 통해서 볼 수 있습니다.

국내 상장 리츠의 주가(2021년 09월 07일 기준) 출처_KRX 정보데이터시스템

종목명 ⇅	종가 ⇅	대비 ⇅		등락률 ⇅	시가 ⇅	고가 ⇅	저가 ⇅	거래량 ⇅	거래대금 ⇅
ESR켄달스퀘어…	6,570	▼	70	-1.05	6,610	6,610	6,560	202,974	1,334,906,740
NH프라임리츠	4,820	▲	20	+0.42	4,810	4,825	4,800	79,790	384,059,050
디앤디플랫폼리츠	5,390	▲	10	+0.19	5,390	5,420	5,370	619,558	3,343,367,160
롯데리츠	5,610	▼	50	-0.88	5,640	5,670	5,590	384,542	2,161,676,960
모두투어리츠	3,990	▲	10	+0.25	3,965	4,005	3,965	5,064	20,239,835
미래에셋맵스리츠	4,985	▼	5	-0.10	4,985	4,990	4,965	82,532	411,013,345
신한알파리츠	8,240	▲	30	+0.37	8,210	8,240	8,190	67,024	550,816,100
에이리츠	11,600		0	0.00	11,500	11,600	11,250	39,155	450,150,600
이리츠코크렙	5,990		0	0.00	6,000	6,000	5,980	47,273	283,477,700
이지스레지던스…	5,110		0	0.00	5,090	5,120	5,090	20,528	104,798,810
이지스밸류리츠	5,600	▲	10	+0.18	5,600	5,610	5,560	50,100	280,009,410
제이알글로벌리츠	5,310		0	0.00	5,300	5,310	5,290	451,992	2,395,656,080
케이탑리츠	1,770	▲	105	+6.31	1,665	1,780	1,640	5,195,505	8,978,897,370
코람코에너지리츠	6,230	▼	20	-0.32	6,300	6,330	6,200	112,175	699,011,330

KRX 정보데이터시스템

Q. 리츠에는 어떻게 투자할 수 있나요?

14개의 상장 리츠는 현재 모두 코스피 KOSPI에 상장되어 있어 주식시장에서 매매가 가능합니다. 신규로 상장예정인 회사(리츠)에 대한 IPO(Initial Public Offering) 투자도 일반적인 기업공개에 따른 주식 투자와 마찬가지로 각 투자 주체별로 증권사를 통해 이루어지고 있습니다.

Q. 켄달스퀘어는 국내에서 유일하게 상장 물류리츠를 운영하고 있지요. 향후 '물류 부동산'이 기대되는 이유는 무엇인가요?

◆ 전자상거래 시장의 지속적인 성장 ◆

한국은 총 소매 거래에서 전자상거래를 통한 거래 비중이 세계에서 가장 높은 시장이며(2020년 기준 28.4%), 이커머스의 규모도 연 10% 이상 성장하고 있습니다. 물류부동산은 리테일 산업이 형성, 팽창하는 과정에 필수적인 만큼 안정적으로 수요가 존재하고 운용이 가능한 분야입니다. 단순하게 봤을 때 이커머스 산업에서의 물류시설(창고)은 오프라인 시장에서의 매장에 해당하므로 전자상거래 시장의 성장과 물류부동산 시장의 성장은 직결된다고 볼 수 있습니다.

◆ 물류부동산의 공급 부족 ◆

IMF 이후 국내 오피스 및 일반 판매시설 부동산이 기관투자가에 의해 체계적으로 공급된 것과 달리, 물류부동산 시장은 체계적으로 개발 및 공급된 역사가 매우 짧습니다. 팽창하는 이커머스 및 물류 시장을 지원할 수 있는 규모의 현대적 시설은 아직 모자란 편입니다. 따라서 물류부동산 시장은 잠재력이 많다고 할 수 있습니다.

켄달스퀘어의 부천로지스틱스파크   출처_켄달스퀘어

Q. 초보자가 리츠에 투자할 때 주의해야 할 점이 있나요?

리츠는 개인으로 하여금 상당한 규모의 대형 상업용 부동산에 소규모로 분산투자하는 것을 가능케 합니다. 다른 유가증권(주식)처럼 계속적인 매매(trading)를 통해 가치 상승을 기하는 상품은 아니고, 주요 목표는 안정적인 배당 및 성장에 있습니다. 선진국의 리츠, 특히 물류리츠는 코로나 사태와 같은 거시적 환경 변화에도 상대적으로 강한 저항력과 적은 변동성을 보였습니다. 따라서 일단은 자신이 목표로 하는 주식의 성격이 리츠 투자와 일치하는지 확인할 필요가 있습니다.

리츠가 자신의 투자 목적에 맞다는 판단이 들면 이후에는 해당 리츠의 상품성을 파악할 필요가 있습니다. 리츠의 배당 안정성은 해당 자산들이 기초로 하고 있는 임차인들의 산업, 신용, 성장성 등에 기인합니다. 따라서 리츠의 기초자산과 해당 산업의 생리, 상품의 지속가능성, 주요 투자자에 대한 정보까지 폭넓은 이해가 필요합니다.

Q. 리츠의 성장성은 어떤 지표를 보고 판단할 수 있나요?

안정적인 규모와 성장을 자랑하는 리츠의 공통점이 있습니다. 첫째는 배당이 지속적으로 잘 이뤄진다는 것이고, 둘째는 점진적으로 주가가치가 상승한다는 것입니다. 결국 이 배당과 시세차익의 합이 개인의 총 수익이 되겠지요. 리츠에서 얻을 수 있는 주요 수익은 '배당'입니다. 하지만 리츠 또한 주식 형태의 거래이다보니 회사의 성장성과 관련한 투자심리가 주가에 반영됩니다. 따라서 배당과는 별개로 우량자산의 계속적인 편입을 통해 리츠의 주가가 유지·상승될 수 있습니다. 각 리츠별로 어떤 성격의 자산이 추가로 편입되고 있는지도 관심 있게 봐야 하는 이유입니다.

Q. 부동산 투자를 희망하는 사람들에게 추천하실만한 투자처가 있으신가요?

2021년 현시점에서 상업용 부동산 시장은 크게 업무용, 판매용, 산업용으로 구분할 수 있습니다. 각각의 투자 매력과 위험에 대해 말씀드리겠습니다.

◆ 업무용 ◆

익히 알고 있는 오피스 자산이며, 부동산 시장의 대표적인 안정자산으로 분류되고 있습니다. 하지만 오히려 특정 산업 및 산업 성장과의 직결성이 떨어져 그 성장이 불투명한 경우도 많습니다.

◆ 판매용 ◆

전반적인 시장 변화를 감안했을 때, 축소되고 있는 오프라인 형태의 매장에 대한 투자는 위험도가 높을 수 있습니다. 대기업집단 임차인의 신용공여(임대차보증)가 뒷받침되면 안정성은 올라갈 수 있지만, 자산의 보편적인 가치 상승은 제한적일 것으로 보입니다.

◆ 산업용 ◆

산업용 부동산 및 금융상품으로 제공되는 자산군은 대표적으로 물류시설 및 데이터센터가 있습니다. 앞으로 물류시설과 물류부동산은 기반산업의 성장에 따라 보다 확대, 세분화될 것이며 데이터센터 역시 유사한 성장경로를 지나갈 것으로 보입니다. 부동산은 결국 '지속적 성장가치'가 있어야 투자할 이유가 있을 것입니다. 물류 및 데이터센터와 같이 성장 동력이 우리 일상생활에서 증명될 수 있는, 산업기반 자산을 대상으로 투자를 고려하기를 추천합니다.

켄달스퀘어 용인 물류센터

출처_켄달스퀘어 홈페이지

물류센터 내부

출처_켄달스퀘어 홈페이지

MZ세대

: 트렌드 세터, 부동산을 접수하다 :

MZ세대가 원하는 오프라인 공간은 사실 판매 기능의 공간이 아니다. 이들은 '차별적인 경험 공간'을 요구한다. 따라서 제품을 판매하는 오프라인 기반의 상업시설에도 이러한 경험 기반의 설계가 선행되어야 한다. 리테일 상업시설은 새로운 방향으로의 혁신을 요구받고 있다.

최근 들어 빈번히 등장하는 용어인 'MZ세대'는 밀레니얼 세대 (M세대)와 Z세대를 아울러 지칭하는 개념이다. 기준에 따라 정의가 다르지만 밀레니얼 세대는 대략 1981~1996년 출생자를, Z세대는 1997~2012년 출생자를 뜻한다. 밀레니얼 세대는 사회생활을 시작하던 즈음, 2008년 이후 불어 닥친 글로벌 경기침체를 체험한 세대이다. 따라서 이들은 부모 세대와는 상당히 다른 가치관을 갖고 있다.

밀레니얼 세대의 부모 세대는 베이비부머 세대이며, Z세대의 부모는 X세대이다. 그리고 이들은 각각 성장기에 경험한 테크놀로지가 다르다. 베이비부머 세대는 텔레비전 세대라 할 수 있고, X세대는 컴퓨터 혁명을 체험한 세대이며, 밀레니얼 세대는 인터넷, Z세대는 모바일 플랫폼과 함께 성장한 세대이다. 이 중 Z세대는 텔레비전, 컴퓨

SNS에 올릴 인증샷을 찍고 있는 MZ세대　　　　　　출처_LG 유플러스

터, 인터넷, 모바일 플랫폼을 모두 경험하면서 성장한 첫 세대이기도 하다.[24]

행정안전부에 따르면 2021년 4월 말 기준 국내 인구수 대비 밀레니얼 세대의 비중은 22%, Z세대는 14%로, MZ세대는 총인구의 약 36%에 달하며 이는 베이비부머 세대(15%)와 X세대(26%)를 합친 것과 비슷한 수준이라고 한다.[25] MZ세대는 인구수로 보나 그 특성으로 보나 경제적으로 중요한 세대다. 따라서 부동산에 있어서도 MZ세대의 행보에 주목할 필요가 있다.

세대 자체가 플랫폼인 MZ세대

MZ세대는 소셜미디어서비스(SNS)를 매우 능숙하게 다루며 또래 세대와 다양한 정보를 다양한 방법을 통해 나누며 소통한다. 이들이 뭉치면 그 조직적 영향력은 글로벌 브랜드의 성패를 뒤흔들 수 있을 정도다. 또한 전혀 알려지지 않았던 작은 브랜드를 빠르게 성장시킬 수도 있는 게 바로 이들이다. MZ세대는 과거처럼 일방적으로 정보를 청취하는 입장이 아니라, 쌍방향 소통을 통해 적극적으로 변화를 일으킨다. 신뢰를 떨어뜨리는 기업이나 가치관에 반하는 기업에 대해 불매운동을 개진하는 것도 그런 행동의 일환이다.

예를 들어 2019년에는 사주가 혐한 감정을 조장한 일본 화장품 기업 DHC에 대한 불매운동이 일어났었다. 불매운동의 진원지는 SNS

DHC 제품을 철수한 올리브영 매장

로 인스타그램과 틱톡TikTok을 중심으로 MZ세대가 불매운동 대상 리스트를 공유하면서 퍼져나갔다. 이들을 의식한 올리브영, 랄라블라, 롭스 등 헬스앤뷰티(H&B) 스토어들은 매장 내 DHC 제품을 자진 철수하기에 이르렀다.[26]

MZ세대의 영향력이 이렇게 크다 보니 플랫폼 기업들은 이들과의 소통 방식을 강화하고 이들의 목소리에 귀 기울일 수밖에 없다. 앞으로도 MZ세대를 중심으로 한 이런 현상은 더욱 강화될 것으로 보인다.

또 다른 예로 2019년 겨울, 아웃도어 브랜드 네파NEPA는 MZ세대와의 적극적인 소통으로 네파 패리스(패딩과 플리스를 결합한 아웃도어 상품) 완판 기록을 세웠다. MZ세대가 선호하는 채널인 유튜브, 틱톡, 스타일쉐어(뷰티 커머스) 등에서 재미있는 이벤트를 진행한 것이다. 네파는 홍보모델 간 코디 대결, 네파 패리스 영상 챌린지, 스쉐라이브 등을 시도해 MZ세대의 열띤 반응과 마케팅 효과를 이끌어냈다.[27]

한편 대표적인 플랫폼 기업 페이스북은 2020년 6월 도널드 트럼프Donald Trump 미국 대통령의 인종차별 논란을 빚은 게시물을 방치했다가 MZ세대의 지탄을 받았다. 더 큰 문제는 이러한 MZ세대의 여론을 의식한 스타벅스Starbucks와 마이크로소프트Microsoft 등 주요 광고주가 페이스북 광고 중단을 언급하며, 하루 만에 페이스북 시가총액 560억 달러(약 67조 원)가 증발했다는 것이다.[28]

MZ세대가 강한 쌍방향성으로 변화를 이끌어내는 것에는 'MZ세대는 세대 자체가 플랫폼'이라는 특성도 한몫했다. 이들은 기업이나 전문가의 의견보다는 지인과 친구의 말을 더 신뢰하는 경향이 있다. 따라서 같은 세대의 리뷰에 민감할 수밖에 없다.[29] 이들이 MZ세대라는 큰 판에서 유통되는 정보에 민감하게 반응하는 것은 이 세대 자체가 일종의 정보 유통 플랫폼으로 기능하며 성장했음을 의미한다.

또 하나 MZ세대가 SNS에서 소통하는 방식에 특징적인 것이 있다. 바로 해시태그hash tag다. '해시태그'란 게시물의 분류와 검색에 용이하도록 만든 표시 방법으로, 키워드 앞에 기호 '#'을 붙여 쓰며 주로 인스타그램에서 사용된다. MZ세대는 해시태그를 적극적으로 활용하는데, 그 예 중 하나로 '챌린지' 공유가 있다. SNS에서 자주 보이는 #미라클모닝, #클로이팅챌린지(클로이팅이라는 유튜버의 홈트레이닝 영상을 따라 하는 것), #다이어트식단, #공스타그램(공부+인스타그램) 등의 해시태그는 전부 자신의 목표를 공유하기 위해 쓰였다. 동년배들에게 자신의 챌린지를 공개하고 SNS에 매일 실천 여부를 올림으로써 서로에게 동기부여를 하는 것이다.[30]

젊은 세대와 SNS의 영향력이 대단하다 보니 유통업계도 커뮤니티 기반의 플랫폼 커머스에 손을 내밀어 브랜드 경험을 전달하는 사례가 늘고 있다. 주류 회사 하이트진로는 온라인 패션 플랫폼 무신사를 통해 쥬얼리 브랜드 제이에스티나와 독특한 협업을 했다. 두 브랜드는 컬래버레이션을 통해 한정판 굿즈(이슬 방울 모양의 목걸이와 로즈골드 티아라 소주잔으로 구성)를 내놓았는데, 이는 발매 당일 단시간에 전량 품절되는 성과를 거두었다. 플랫폼이 없었다면 상상하기 힘들었을 두 기업의 만남으로 소비자에게 특별한 경험과 친근한 브랜드 이미지를

참이슬과 제이에스티나의 협업으로 탄생한 한정판 굿즈　　　　　　출처_하이트진로

전달한 것이다. 또한 패션·뷰티 플랫폼 커머스 스타일쉐어와 손잡은 삼양비빔면도 여름 패션과 연계한 삼양 굿즈 키트를 선보여 큰 관심을 받았다.[31]

가성비, 플렉스 그리고 파타고니아

MZ세대는 '부모보다 가난한 세대'다.[32] 경제 고성장기를 이끈 베이비부머 세대와 이를 경험하며 자란 X세대와는 다른 경제 환경에서 살기 때문이다. 2021년 현재와 1990년대의 경제 환경을 비교해보면 과거에는 대학생들이 졸업 후 원하는 회사를 골라서 갈 정도로 경기가 좋았다. 그러나 지금은 상황이 완전히 달라졌다. IMF 이후 대학 생활을 한 '88만 원 세대'를 시작으로 'N포 세대', '자소설', '문송합니다' 등의 비관적 신조어가 생긴 것이 현재의 분위기를 잘 보여준다. 취업 지연으로 청년층의 경제적 여건이 악화되며 급기야 2016년에는 법원에 개인파산을 신청한 20대가 2013년 대비 53.5%나 늘어나는 사태가 발생했다. 동 기간 파산 신청 건수가 증가한 것은 20대가 유일했다.[33]

이들은 본인의 소득이 부모 세대처럼 빠르게 증가하리라고 보지 않는다. 상황이 이렇다 보니 MZ세대는 본인들이 어떻게 하면 소비를 줄일까 고민하면서 가처분소득을 늘리는 전략을 취한다. 소득 극대화가 아닌 소비 극소화를 중요하게 생각하는 것이다. 여기서 MZ세대의 소비 패턴인 '가성비'를 읽을 수 있다. 가격(비용) 대비 성능(효과)이 좋은 제품을 찾아 구매하는 것이다. 그러나 단순히 가격이 싼 물건을 사는 것이 아니라, 어느 정도 질이 보장되는 제품 혹은 본인의 취향에 맞는 제품을 저렴하게 구매하려는 전략을 취한다.

그런데 이들은 가성비와 동시에 그와 충돌하는 소비 패턴도 갖고 있다. 바로 '플렉스flex'다. 플렉스란 자신의 성공이나 부를 뽐내는 문화로 최근 젊은 층을 중심으로 크게 유행하고 있다. 인스타그램으로 대변되는, 타인에게 보이는 삶을 살아가는 MZ세대에게 자기과시형 소비는 굉장히 중요한 부분이다. 그들은 본인의 소득 범위 안에서 소비를 줄이고자 하지만, 한편으론 자신의 개성과 취향을 중시하기에 가치관에 부합하는 상품에는 아낌없이 지갑을 연다.

이들의 플렉스 지향을 보여주는 지표는 '명품 소비'이다. 전 세계 밀레니얼 세대의 소비력은 이미 X세대를 뛰어넘었고, 2035년에는 Z세대가 X세대의 구매력을 따라잡으리라 예상된다.[34] 또한, 가까운 미래인 2025년까지 밀레니얼 세대가 글로벌 럭셔리 소비의 40%를 차지할 것이라는 예측도 나오고 있다.[35] 실제로 국내 백화점을 통해 조사한 바에 따르면, 2020년 명품 매출에서 20~30대의 비중은 신세계백화점 50.7%, 롯데백화점 46%로 상당히 높은 수치를 보였다.[36] MZ세대는 명품 열풍을 주도하고 있으며 명품 소비의 '큰손'으로 떠오른 것이다.

다만 MZ세대는 명품 소비에 있어서도 '가성비'와 '플렉스'가 공존

명품 매장에 들어가기 위해 줄을 선 사람들　　　　　　　　　

하는 특징을 보인다. 부모 세대가 오프라인 매장에서 대접을 받으면서 쇼핑하는 경험을 중요시했다면, 이들은 인터넷과 모바일 환경에서 최저가 명품을 찾아내 나름대로 가성비를 끌어올리는 소비를 한다.[37] 플렉스와 가성비의 공존 현상을 보여주는 또 다른 곳은 중고 '리셀Resell, Resale' 시장이다. MZ세대는 희소성 있는 제품을 구입해 웃돈을 받고 되팔거나, 명품을 중고로 구매하기도 한다. 한정된 자금 상황에서 소비의 효율을 높이기 위해 중고제품을 매매하는 것을 전혀 개의치 않는 것이다. 실제로 한 설문조사에 따르면 20~30대 10명 중 무려 8명 이상이 '중고거래 경험이 있다'고 답했다고 한다.[38]

가성비, 플렉스와 더불어 MZ세대가 소비에서 중요하게 여기는 것이 또 있다. 바로 '가치'다. 이들은 소비에 자신이 지향하는 가치를 담는다. 여기서 말하는 가치는 환경, 공정, 인권, 동물권, 윤리처럼 보다 공적인 가치를 포함하는 경우가 많다. 이들이 소셜미디어상에서 기후 변화와 같은 환경 이슈의 게시물에 공감하거나, 댓글을 달고 공유하는 비율이 높은 것과 일맥상통한다.[39]

가령 친환경 제품으로 유명한 의류 브랜드 파타고니아Patagonia의 경우, 사람들이 프리미엄을 주고라도 구매를 할 정도로 인기가 뜨거웠다. 과거 파타고니아는 '필요하지 않으면 이 재킷을 사지 마라'라는 카피와 함께 의류 제작 및 폐기 과정에서 발생하는 환경적 비용을 설명하는 광고를 했다. 이러한 친환경적 상징에 MZ세대는 열광했고, 그렇게 저렴한 브랜드가 아님에도 불구하고 적극적 소비로 자신의 신념을 표현했다.[40]

상품이 아닌 경험을 구매한다

티켓팅 플랫폼인 이벤트브라이트Eventbrite가 2017년에 발표한 보고서에 따르면, 미국의 밀레니얼 세대 4명 중 3명 이상이 바람직한 물건을 사는 것보다 바람직한 경험이나 행사에 돈을 쓰는 것을 선호하는 것으로 나타났다.[41] 이는 오프라인과 온라인에서 구매하는 물건의 가치 이상으로 오프라인에서 할 수 있는 경험을 중요하게 여긴다는 것이다. 즉 '상품 소비'보다는 오히려 '경험 소비'에 더 큰 방점을 찍는 MZ세대가 많다고 볼 수 있다.

이를 뒷받침하는 논거는 보스턴 컨설팅 그룹의 보고서에서도 찾을

수 있다. 미국의 젊은 세대는 가처분소득의 50%를 레저 활동에 소비한다고 한다. 친구들과 함께하는 외식, 비식료품 지출, 스포츠 활동 등에 소득의 50%를 쓰는 것이다. 이는 젊은 세대의 경험 활동에 대한 소비의 비중이 상당히 큼을 의미한다.[42]

아시아 지역 젊은 층 대상의 설문조사에서도 비슷한 결과가 나타났다. 그들은 본인 소득의 25%를 이른바 소셜 쇼핑Social Shopping에 지출하고 있다고 답했다. '소셜 쇼핑'이란 친구들이나 가족과 오프라인에서 만나 시간을 보내며 하는 쇼핑을 뜻한다.[43]

종합해보면 MZ세대는 디지털 세대임에도 불구하고 오프라인 공간에서 레저를 즐기거나 지인들과 시간을 보내는 것을 당연히 여긴다고볼 수 있다. 재미있는 오프라인 공간, 가치 있는 오프라인 공간에 젊은 세대가 방문하는 이유다.

차별적인 경험 공간만이 살아남는다

MZ세대는 가성비가 좋으면서 플렉스가 가능한, 그리고 진정성이 담긴 가치지향 브랜드를 구매하려는 경향이 강하다. 거기에 경험 소비에 대한 관심까지 더해진다. 이런 MZ세대의 방문을 이끌어내려면 오프라인 부동산은 어떤 모습으로 변해야 할까?

앞서 오프라인 상업시설은 2010년대 중반부터 위험에 빠졌다고 설명했다. 당장 우리 주변만 보더라도 공실로 남아 있는 상가가 눈에 띄게 늘어나고 있다. 그런데 MZ세대라는 소비의 중축이 온라인과 오프라인을 동시에 좋아하며 즐긴다면, 이는 오프라인 상업시설의 위기와는 별개로 오프라인에도 '희망'이 있다는 이야기다.

오프라인 리테일이 어떤 방향으로 나아가야 할지를 알려면 결국 MZ세대가 오프라인에서 어떤 활동을 하고 있는지를 자세히 살펴봐야 한다. 이들은 오프라인에서 물건을 사는 구매 행위보다는 경험 행위(소셜 쇼핑이나 레저활동 등)에 더 많은 관심이 있다. 따라서 오프라인의 위기는 더 정확히 말하자면 판매 위주의 오프라인 상업시설의 위기이며, 오프라인 경험 공간에는 여전히 새로운 가능성이 존재한다.

다시 말하자면 MZ세대가 원하는 오프라인 공간은 사실 판매 기능의 공간이 아니다. 이들은 '차별적인 경험 공간'을 요구한다. 특히 Z세대는 선천적인 디지털 세대임에도 재미있는 경험을 제공하는 도시 속 공간을 돌아다니며 공간의 성격과 유형을 바꾸고 있다. 여기서 중요한 것은 그들이 방문하는 공간은 '차별적' 경험 혹은 체험을 할 수 있는 곳이라는 점이다. MZ세대는 아무리 멋지게 꾸민 공간이라도 자신의 집 근처에서 경험할 수 있는 것과 비슷한 것을 제공하는 공간이라면 굳이 그 장소를 방문하려 하지 않는다. 익선동처럼 2010년대 중반까지는 아무도 가지 않던 특별한 곳, 도심 속에 한옥이 집단적으로 몰려 있는 몇 없는 곳. MZ세대는 바로 그런 곳에서만 느낄 수 있는 차별적 경험을 위해 시간과 비용을 투자한다. 우리가 런던이나 뉴욕에 갈 때 그 지역의 독특한 카페를 방문하지 한국에서도 흔히 접할 수 있는 카페에 가지 않는 것과 마찬가지로 말이다.

따라서 제품을 판매하는 오프라인 기반의 상업시설에도 이러한 경험 기반의 설계가 선행되어야 한다. 실질적인 판매는 온라인과 모바일 플랫폼에서 일어나게 하되, 오프라인에서는 그와 관련한 새롭고 차별적인 공간 경험을 제공하는 것이다. 이런 맥락에서 오프라인 리테일 상업시설은 새로운 방향으로의 혁신을 요구받고 있다.

트렌드를 공유하는 베이비부머와 밀레니얼 세대

2018년 이후, 익선동과 성수동 등 이른바 핫 플레이스에서 찾아볼 수 있는 풍경 중 하나는 50대 중반 이상의 여성들이 유명 카페에 삼삼오오 모여 커피를 마시고 브런치를 즐기는 모습이다. 익선동의 경우 2016년 이후 급격히 상업화되며 MZ세대, 특히 그중에서도 여성

방문객의 증가가 이루어졌었다. MZ세대 여성들이 트렌드 세터trend-setter로서 익선동이라는 도심 내 한옥집단지구에서 차별적 공간 경험을 시작한 것이다. 그러면서 카페들이 하나둘 익선동에 들어서게 되었고, 2018년 이후부터는 MZ세대뿐 아니라 X세대와 베이비부머 세대처럼 더 높은 연령층의 방문객들이 등장하기 시작했다. 이는 결국 트렌드 세터인 MZ세대가 트렌드 팔로워trend-follower인 베이비부머와 X세대를 이끌었음을 의미한다.

MZ세대와 부모 세대의 관계는 기존의 상하관계로 여겨지는 방식을 벗어난다. 수직적인 관계보다 수평적인 관계를 지향하는 모습이 나타나며 보다 평등한 구조를 보인다. 부모와 자녀 관계를 넘어 마치 친구 사이처럼 스스럼없이 정보를 교류하는 것이다.

실제로 부모 세대의 소비에 MZ세대가 미치는 영향은 상당하다고 한다. 조사에 따르면 Z세대의 부모 세대 중 80%가 가계소비에 있어 자녀에게 영향을 받는다고 응답했다.[44] 어떤 물건을 구매하면 좋을지를 MZ세대가 부모 세대에게 이야기하고, 이를 부모 세대가 수긍하는 방식이 이뤄지고 있는 것이다.[45]

세대 자체가 정보 공유의 플랫폼인 MZ세대는 베이비부머와 X세대의 상품 소비에 크게 영향을 미친다. 그러나 그들 사이에는 물건을 구매하는 수준의 의사결정이 아닌, 보다 가벼운 정보도 자연스럽게 공유되며 영향을 주고 있다. 예를 들면 MZ세대인 자녀가 부모에게 이런 이야기를 할 수 있는 것이다.

"내가 이번에 한옥이 모여 있는 지역을 가봤는데 너무 재미있었어. 엄마도 친구들이랑 한번 가봐. 예전에 살던 동네랑 많이 비슷할 걸?"

이런 일상적 대화 속 메시지는 부모 세대에게 충분히 전달되고 실질적인 영향력을 끼친다. 자녀가 방문한 장소에 대한 이야기가 다시 부모 세대의 방문으로 이어질 수 있는 것이다.

그렇다면 트랜드 세터 MZ세대가 다른 세대에 미치는 영향력은 실제로 어느 정도일까? 이를 객관적으로 확인하고 그 영향권에 해당하는 지역을 알기 위해 다음의 분석을 수행했다.

서울시 자료에 따르면 서울시에는 대략 1,470여 개의 상권이 존재한다. 우선 그중 MZ세대에 특화된 상권을 추리기 위해 베이비부머의 매출액(2017년 기준)은 높지 않으나 MZ세대의 매출액이 높은 상권을 골라냈다. 그리고 2년 후인 2019년, 이 상권들 중 베이비부머의 매출액이 크게 증가한 곳을 확인했다. 이런 상권은 MZ세대에게 인기를 끈 후 베이비부머가 따라온 지역이라 생각할 수 있을 것이기 때문이다. 분석 결과 그 대표적인 지역으로 혜화동과 한강진역 남단(나인원과 이태원로 사이), 합정역 일대를 꼽을 수 있었다.

그 외에도 2018년 이후의 익선동과 성수동 역시, 젊은 세대의 내부에서 공유되는 정보가 다른 세대에게 급속히 전파된다면 어떤 일이 벌어질 수 있는지에 대한 가능성을 보여주고 있다.

MZ세대는 미래에 유행할 트렌드를 미리 경험하고 선도한다. 이 경

험이 부모 세대인 베이비부머 세대와 X세대에 전달되며 트렌드 세터와 트렌드 팔로워라는 새로운 관계가 형성되고 있다. 또한 MZ세대의 존재 자체가 강력한 플랫폼이 되었듯, 부모 세대 역시 세대 자체가 플랫폼화되는 현상을 보이고 있다. 부모 세대도 이제는 SNS를 적극적으로 활용하기 시작했으며, 심지어는 디지털 기기 사용을 어려워하던 70세 이상의 연령층도 카카오톡 단체대화방 등을 통해 다양한 정보를 공유하고 확대, 재생산하고 있다.

따라서 여기서 우리가 주시해야 할 것은 같은 공간을 방문하고 즐길 가능성이 높아진 'MB세대(MZ세대와 베이비부머 세대를 아울러 이르는 말)'의 등장이다. 특히 베이비부머 세대는 전 세대를 통틀어 가장 부유한 세대라는 점에서 중요한 의미를 지닌다. MZ세대와 더불어 강력한 구매력을 갖춘 이 세대가 최근 사회생활을 마치고 은퇴하기 시작했다. 베이비부머 세대가 도시공간을 경험하면서 소비를 시작하게 된 것이다. 앞으로는 오프라인 리테일과 온라인 쇼핑 플랫폼, 나아가 주택 부동산 시장까지 모두 이들의 움직임에 주목해야만 할 것이다.

[신사임당의 사서삼경] "부동산 투자의 답은 MZ세대가 알고 있다"

"백화점 1층의 대변신… MZ세대 '핫플'이 되다"

[해외명품·화장품 일색이던 공간에 전시장·편집숍·카페 등 구성 변화
SNS '인증사진 명소'로 급부상]

출처_현대백화점

업계에서 '백화점의 얼굴'인 1층에 기존에 입점하는 브랜드 및 형태와 차별화된 매장을 배치하는 노력을 기울이는 것은, MZ세대 고객의 마음을 잡으려는 전략으로 풀이된다. 기차역 또는 터미널 등과 연결된 매장이 아닌 보통 매장들은 통상 1층을 시작으로 백화점에 발을 디디는 만큼, 주요 공간을 백화점의 핵심 고객으로 부상한 MZ세대를 위한 새로운 콘텐츠로 채워나가는 것으로 풀이된다.

역디지털화

: 오프라인 공간으로 내려오는 플랫폼 :

이제 온라인과 모바일 플랫폼이 오프라인 공간으로 진출하는 것은 너무도 당연하고 자연스러운 선택이 되었다. 플랫폼이 오프라인으로 향하는 이유는 그저 소비자들의 기호나 유행에 맞추기 위함이 아니라 매출 증가에도 큰 도움이 되기 때문이다.

오프라인 부동산은 죽지 않았다

MZ세대는 디지털 친화적 세대다. 특히 Z세대는 태어날 때부터 디지털이 세상의 중심이었고 디지털과 함께 성장한, 진정한 디지털 세대라 할 수 있다. 하지만 이들은 디지털, 온라인 환경에만 몰입하는 게 아니라 오프라인 공간에서의 차별적 경험을 원한다. MZ세대라고 무조건 그들의 라이프스타일이 디지털 중심으로 돌아간다고 판단해서는 안 된다는 것이다. 그보다 시각을 확장해 이들을 단순한 디지털 세대가 아니라 '온라인과 오프라인의 경계를 허무는' 세대로 보아야만 그들을 제대로 이해할 수 있다.

MZ세대가 온라인과 오프라인의 경계를 넘나드는 데 전혀 막힘이 없는, 온·오프라인 통합 패턴을 보인다면, 이들을 고객으로 하는 플랫폼들 역시 자신들의 비즈니스 영역을 단순히 온라인에만 한정해서는 안 된다. 오히려 온라인·모바일 플랫폼 기업일수록 반드시 '오프라인 공간'에 본인들의 비즈니스 영역을 확보해야 한다.

전통적인 오프라인 기업들이 디지털화(Digital Transformation)를 통해 온라인·모바일 영역으로의 확장을 꾀하는 사례는 쉽게 접할 수 있다. 앞서 소개한 신세계 그룹의 SSG닷컴 개발과 이베이 코리아 인수 역시 오프라인 기반의 유통 플랫폼이 시대에 발맞춰 온라인·모바일로 영역을 확대한 사례다.

그런데 오프라인 기업을 압도하며 엄청난 성장을 이룬 대표적인 온라인 플랫폼 기업 아마존은 모두의 예상과 다소 다른 행보를 보여

췄다. 오프라인 서점 아마존북스를 열고, 유기농 식료품 브랜드 홀푸드를 인수하고, 오프라인 편의점 아마존고를 오픈하는 등 속속 오프라인 영역으로 사업을 확장한 것이다. 플랫폼은 이제 온라인에만 머무는 것이 아니라 오프라인 공간으로 진입하고 있다.

전 세계 비즈니스계에서는 전통적인 오프라인 사업모델의 기업이 온라인·모바일로 전환하는 '디지털화'와 더불어 온라인·모바일 기업이 오프라인으로 확장하는 '역디지털화(Reverse Digital Transformation)'가 동시에 진행되고 있다. 그리고 우리가 주의 깊게 지켜봐야 할 부분은 파괴적인 성장세를 보이며 영향력을 확산 중인 역디지털화 트렌드일 것이다.

MZ세대는 온라인과 오프라인을 넘나드는 데 개의치 않으며 오히려 이를 즐긴다. 이들은 물건이나 서비스를 구매할 때, 활용할 수 있는 모든 온·오프라인 채널을 이용하는 만큼 자신을 둘러싼 세계와의 연결이 끊임없이 작동하기를 기대한다.[46] 이는 역으로 생각하면 재화와 서비스를 판매하는 기업이 온라인과 오프라인에서 동시에 고객을 만족시켜야 한다는 것을 뜻한다.

소비자들도 이런 변화를 피부로 느끼고 있다. 한 달에 1회 이상 온라인 쇼핑을 한다고 응답한 17개국 2만 8천여 명의 소비자를 대상으로 진행된 설문조사에 따르면 16~24세 응답자 중 63%는 디지털 기반의 브랜드도 오프라인 매장을 보유하는 것이 중요하다고 보았다. 또한 25~44세 응답자 중 68%는 온·오프라인 매장을 모두 보유한 브랜드에서의 쇼핑을 선호한다고 했다.[47] 이 설문조사 결과는 기업들

아마존의 오프라인 서점 아마존북스

아마존의 오프라인 편의점 브랜드 아마존고 매장

이 온라인과 오프라인 채널 모두를 포기해서는 안 됨을 강력히 시사한다.

카르페디엠! 오프라인 매장의 새 역할

상대적으로 부유하지 못했던 시절에는 물건을 '소유'하는 것이 성공한 삶의 지표로 인식되기도 했다. 자동차가 지금보다 귀했던 시절엔 자동차 소유가 부의 척도로 여겨졌듯, 희소성을 지닌 물건을 소유하는 것이 곧 경제적 성공이었던 것이다.

그러나 소득수준이 높아지고 물자가 풍족해지면서, 물건의 소유에 대한 인식 자체가 변화하기 시작했다. 특히 MZ세대는 물건을 갖는 게 쉬워진 만큼, 어떤 물건을 소유하고 있는지의 여부로 자신을 드러내기보다 어떤 '활동'이나 '경험'을 했는지를 통해 본인을 표현하고 싶어 한다.[48]

따라서 MZ세대에게 제품의 가치는 소유보다는 그 제품과 관련한 자신의 행위에 있다. 해당 제품으로부터 자신이 어떤 경험을 얻을 수 있느냐가 핵심인 것이다. 이 제품이 내 삶의 목표와 가치 추구에 도움이 되는지, 주변 사람들에게 공유되고 공감대를 형성할 수 있는지, 제품을 통해 나를 표현할 수 있는지 등을 우선으로 고려한다.[49] 소유보다 경험이 더 큰 가치를 지니는 세대, MZ세대에게는 그래서 현재를 경험하고 현재를 즐기는 것이 더욱 중요하다.

앞서 언급한 바와 같이 MZ세대는 온·오프라인을 자유자재로 넘나드는 만큼, 이들과 관련한 제품과 서비스 제공자는 온·오프라인 통합 환경을 구축해야 한다. 예를 들어 의류, 신발, 액세서리 제품의 경우 오프라인 매장은 제품을 실제로 경험해보는 환경을 제공할 수 있다. 가령 러닝화를 오프라인 매장에서 접한다고 할 때, 여기서의 경험은 단순히 실물을 확인하고 신어보는 것에서 끝나지 않는다. 발에 대한 정보, 러닝에 최적화된 조건 등 러닝화와 관련해 폭넓은 경험과 정보까지 제공하는 것이다. 이러한 오프라인 매장은 테스트, 학습, 놀이의 장소로 변모할 수 있다.[50]

이제 온라인과 모바일 플랫폼이 오프라인 공간으로 진출하는 것은 너무도 당연하고 자연스러운 선택이 되었다. 플랫폼이 오프라인으로 향하는 이유는 그저 소비자들의 기호나 유행에 맞추기 위함이 아니라 매출 증가에도 큰 도움이 되기 때문이다. 오프라인 매장에는 온라인 쇼핑몰의 매출 증가로 연결되는 '후광 효과'가 존재한다. 실제로 국제쇼핑센터위원회(ICSC)에 의하면 신규 오프라인 매장의 개점은 웹 트래픽(접속량)을 37%까지 증가시키는 것으로 밝혀졌다.[51]

그렇다면 역디지털화 추세에 따른 오프라인 매장은 어떤 식으로 운영되어야 하는 것일까? 실제로 매출 증가로 이어지는 매장은 어떤 모습일까? 여기서 우리가 알아야 할 부분은 역디지털화를 통해 오프라인으로 진출하는 온라인·모바일 기반 쇼핑몰과 전통적인 오프라인 판매 기업이 오프라인 매장을 바라보는 시선이 다르다는 점이다.

전통적인 오프라인 기업은 매장을 제품 판매를 목적으로 하는 공간으로 본다. 따라서 매장 수의 확대와 그 성장 속도를 가장 중요하게 생각한다. 하지만 온라인·모바일 쇼핑몰은 오프라인 매장을 고객이 브랜드를 알아가는 학습과 공유의 장으로 여기며, 상품 판매보다는 상품에 대한 경험과 브랜드 이미지 구축을 더욱 중요시한다. 기업의 성격에 따라 다르겠지만 앞으로의 오프라인 공간은 경험을 제공하는 측면 없이는 MZ세대를 비롯한 고객들을 만족시키기 어려울 것이다.

아마존, 역디지털화의 선두주자

2017년 6월 16일, 부동산 시장에 충격을 안겨준 뉴스가 전해졌다. 온라인 업계의 최강자 아마존이 미국의 대표적인 유기농 식품 판매기업 홀푸드를 137억 달러(약 15조 3,000억 원)에 매입한다고 발표한 것이다.[52] 당시 많은 오프라인 유통업체들이 심각한 위기에 처했던 상황을 고려할 때 이는 굉장히 파격적인 결정이라 할 수 있다. 온라인 플랫폼으로 승승장구하던 아마존은 왜 오프라인으로 이동하기로 선택한 것일까?

1994년에 창업한 아마존은 온라인으로 책을 판매하는 사이트였다. 그 후 빠르게 사업 영역을 확장하며 모든 품목을 취급하는 온라인 쇼핑몰로 성장했고, 클라우드 서비스와 인공지능 비서 서비스 등 제품 판매 외에도 다양한 방면으로 거침없이 진출했다. '가장 파괴적인 기업'이라는 호칭을 얻을 만큼 각 분야의 산업에 커다란 영향을 끼쳐온

유기농 식품 판매기업 홀푸드 매장

아마존의 최근 행보 중 가장 눈에 띄는 점은, 오프라인 공간에 매장을 설치한 것이다. 온라인 세상의 비즈니스 공룡 아마존이 오프라인으로 이동하고 있는 것이다.

아마존은 2015년 시애틀에 '아마존북스'라는 오프라인 서점을 오픈했는데, 당시 아마존북스 부사장이었던 제니퍼 캐스트 Jennifer Cast 는 아마존북스를 '아마존닷컴 Amazon.com 의 연장선'이라고 설명했다. 오프라인 서점이지만 온라인 서점만큼 합리적인 가격과 편리성을 제공하며, 온·오프라인의 경험을 연계함으로써 고객의 브랜드 경험을 강화하는 것이 목표라고 말한 것이다.[53]

아마존은 2015년 첫 오프라인 서점을 연 것을 시작으로 2021년 현재까지 뉴욕 맨해튼점을 포함해 총 24개의 아마존북스 매장을 오픈했고, 미국 전역에 걸쳐 별도의 아마존 팝업스토어를 운영하고 있다. 오프라인 매장에서는 온라인에서 수집한 광범위한 소비자 성향 데이터베이스를 기반으로 잘 팔릴만한 책을 선별해 판매하고 있다. 아마존닷컴에서 별점 4점 이상을 받은 책만 판매하며, 별점 4.8점 이상으로 특별히 높은 평가를 받은 책은 입구와 가까운 곳에 배치해 판매 확률을 높이는 방식을 채택하고 있다.[54]

아마존은 또한 2018년에 무선인식(RFID) 기술을 활용해 계산대에 줄을 설 필요 없이 자동으로 계산이 되는 편의점 '아마존고'를 직원 대상으로 시범운영한 후, 미국과 런던에 29개 매장을 운영 중이다. 아마존고는 저스트 워크 아웃Just-Walk-Out 기술을 활용함으로써 내부에 설치된 카메라와 센서로 소비자의 행위를 파악하고, 장바구니에 담긴 상품들이 아마존 계정과 연결된 신용카드로 자동결제되도록 했다.[55] 아마존은 단순히 오프라인 매장으로의 진출을 시도한 것을 넘어서 새롭고 편한 쇼핑 경험을 제공하는 매장을 만든 것이다.

한편 아마존의 홀푸드 인수 역시 '오프라인 공간으로의 침투'라는 방향성의 연장선에 있지만, 인수합병의 규모로 볼 때 그 이상의 의미를 지니는 혁명적인 사건이었다. 유기농 식품을 판매하는 프리미엄 슈퍼마켓인 홀푸드는 주로 중산층 이상 계층 거주 지역에 있다. 따라서 아마존은 홀푸드 인수를 통해 '중산층 이상의 소비자'라는 매우 특정한 집단과의 접점을 만든 것이다. 특히 식료품 사업의 특징(소비자들이 습관적으로 구매하는 상품인 만큼 고객과 지속적 관계 유지가 가능함)을 고려

한다면, 아마존은 홀푸드를 통해 지속적으로 양질의 고객 데이터베이스를 구축할 것임을 예상할 수 있다. 이 데이터 분석을 통해 아마존은 물리적 공간에서 소비자들에게 더욱 새로운 경험을 제공하고 있다.[56] 더하여 아마존은 인수합병을 통해 400여 개의 홀푸드 매장을 상품 보관창고(물류창고)로 활용하는 이점 또한 얻을 수 있었다.[57]

아마존은 홀푸드를 인수한 것에 이어 2020년 9월, 아마존프레시 Amazon Fresh라는 신선식품 매장을 오픈해 식료품 시장에 적극적으로 참여했다. 매장 운영에는 아마존의 AI 음성비서 알렉사Alexa와 스마트 쇼핑 카트인 아마존 대시 카트Amazon Dash Cart를 도입했다. 알렉사를 활용해 작성한 쇼핑 목록을 대시 카트에 다운받는 식으로 아마존만의 편리한 오프라인 쇼핑 환경을 구축했다.[58]

아마존의 오프라인 진출은 여기서 끝나지 않는다. 2018년 9월, 뉴욕 소호에는 '아마존4스타Amazon 4-star'라는 브랜드의 매장이 문을 열었다. 이곳은 아마존닷컴에서 고객평점 4점 이상을 받은 상품만을 전문적으로 판매한다.[59]

아마존 오프라인 매장의 특징은 아마존닷컴 이용자들이 오프라인 환경에서 편리하게 상품을 구매할 수 있도록 온·오프라인 시스템이 유기적으로 통합된 것이다. 이런 오프라인 매장 수는 해에 걸쳐 꾸준히 증가하고 있다. 아마존은 2020년 코로나 위기 속에서도 22개점의 아마존4스타를 미국 전역에 걸쳐 신규 오픈했고, 2021년 현재 아마존프레시 매장을 공격적으로 확장하고 있다. 이에 더해 앞으로는 일반 백화점(평균 3,000평 내외)의 3분의 1 크기(약 900평)의 오프라인 매장을 새로 오픈해 의류와 가정용품, 전자제품 등을 판매할 예정이라고 한다.[60] 이제 아마존은 더 이상 온라인과 모바일상에만 존재하는 기업이 아닌 것이다.

아마존 4스타 매장

아마존 매장 수 변화 추이[61]

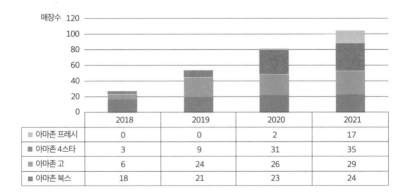

매장수	2018	2019	2020	2021
아마존 프레시	0	0	2	17
아마존 4스타	3	9	31	35
아마존 고	6	24	26	29
아마존 북스	18	21	23	24

캐릭터가 살아 있는 도시

온라인 플랫폼을 장악한 강자들의 오프라인 진출은 비단 아마존뿐만 아니라 우리 주변에서도 쉽게 발견할 수 있다. 국내 플랫폼 기업이 오프라인으로 진출한 대표적 예로 네이버의 '라인프렌즈'와 카카오의 '카카오프렌즈'를 들 수 있다.

라인프렌즈는 2011년 네이버의 모바일 메신저 라인에서 만들어낸 캐릭터다. 라인프렌즈의 캐릭터가 인기를 끌고 성장하면서 2015년에는 첫 오프라인 매장인 '라인프렌즈 스토어'가 생겼다. 이후 라인은 서울을 넘어 동경, 상해, 홍콩, 뉴욕, 로스앤젤레스 등 전 세계 14개 국가에 240여 개의 매장을 오픈할 정도로 사세를 확장했다. 특히 2017년에 아이돌 그룹 BTS와 함께 만든 캐릭터 'BT21'은 라인의 캐릭터 사업 성장의 변곡점이 되었으며, 글로벌 시장으로의 확장을 가능케 했다. 현재는 문구와 의류, 완구 등의 품목을 넘어 음식, 보석, 식기, 전자기기 등으로까지 사업 영역을 넓히고 있다.

라인프렌즈는 자사 매장의 성격을 '도심 속 테마파크'로 정의해, 고객들이 즐겁게 놀 수 있는 공간을 만드는 것을 목표로 하고 있다. 사실 라인프렌즈 스토어는 네이버라는 거대 플랫폼이 캐릭터 상품을 팔기 위해 만든 오프라인 상점이다. 그러나 아마존이 오픈한 오프라인 상점들이 그랬던 것처럼 매장의 성격을 판매 공간보다는 놀이와 체험 및 경험 공간으로 운영하고 있다.

라인프렌즈 스토어

카카오프렌즈샵 강남점

카카오 역시 유사한 형태를 보인다. 2016년 강남역에 첫 오프라인 매장 '카카오프렌즈샵'을 연 이후, 2021년 9월 현재 전국에 27개 매장을 운영하고 있다. 또한 2018년 12월에는 도쿄, 2020년 9월에는 상해에 매장을 오픈하며 세계로 진출했다.[62] 매장의 성격 역시 네이버의 라인과 비슷하게 새로운 브랜드 경험을 제공하고 고객과의 소통을 늘리는 것에 주안점을 두고 있다.

모바일 메신저에서 이모티콘으로 만나던 캐릭터들이 오프라인 공간으로 넘어왔다. 이는 플랫폼 기업이 오프라인으로 진출하고 온·오프라인 환경을 통합하려는 '역디지털화 현상'을 잘 보여주고 있다.

무신사와 스타일난다, 오프라인의 새로운 가능성

캐릭터 사업 외에도 역디지털화는 다양한 분야에서 활발히 일어나고 있다. 이번에는 무신사와 스타일난다의 사례를 통해 패션 업계의 플랫폼이 오프라인으로 영역을 확장한 경우를 살펴보도록 하겠다.

무신사는 2001년, '무진장 신발 사진이 많은 곳'을 의미하는 온라인 패션 커뮤니티에서 시작했다. 현재는 신발뿐만 아니라 다양한 패션 및 액세서리 브랜드가 입점한 온라인 쇼핑 플랫폼으로 성장했고, 2021년 기준 기업가치가 2조 5,000억 원에 달하는 유니콘 기업으로 당당히 인정받고 있다. 무신사 플랫폼에 입점한 브랜드는 2021년 상반기 기준 6,000여 개이며, 2020년 매출액(거래액 기준)은 1조 2,000억

원에 달한다. 이는 2016년 대비 6배가 증가한 수치로 무신사의 무서운 성장세를 알 수 있다.[63]

　무신사 역시 오프라인 공간을 오픈했다. 2019년 9월 홍대에 '무신사 테라스'를 만들었는데 이곳 역시 판매보다는 경험하는 공간으로서의 가치에 더 큰 비중을 두고 있다. 무신사 테라스 전체 면적의 25%가 판매와 관련된 공간임에 반해 나머지 대부분의 공간을 이벤트 및 체험 공간으로 구성한 것이다.[64] 또한 2021년 5월에는 홍대에 250평 규모의 '무신사 스탠다드 플래그십 스토어'를 출점해 오픈 3일 만에 누적 방문객 6,500명, 누적 매출 1억 7,000만 원을 기록했다.[65]

　무신사는 매장 이외에도 오프라인에 새로운 형태의 공간을 꾸렸다. 2018년, 동대문에 패션에 특화된 공유 오피스 '무신사 스튜디오'

홍대에 있는 무신사 스탠다드 플래그십 스토어　　　　출처_무신사 홈페이지

를 오픈한 것이다.[66] 이제 무신사는 단순한 온라인 플랫폼을 넘어 오프라인에 패션 관련 업무 공간과 판매 공간을 구축한 기업이 되었다.

그러나 사실 무신사보다 훨씬 앞서 오프라인 생태계를 구축한 온라인 패션 플랫폼이 있다. 바로 여성의류 브랜드인 '스타일난다'다. 스타일난다는 온라인 사업자의 오프라인 시장 장악력을 보여주는 또 다른 예다. 이 회사는 2004년 오픈마켓 의류 판매로 사업을 시작해, 2005년 자체 웹 사이트를 개설한 후 현재까지 대표적 온라인 쇼핑몰로서의 입지를 군혀왔다. 스타일난다는 2012년 9월 처음으로 홍대 앞에 플래그십 스토어를 오픈하며 오프라인 시장으로 진출했다. 그리고 2021년 현재 홈페이지에서 확인되는 스타일난다 매장은 국내

스타일난다 홍대 플래그십 스토어　　　　　　　　출처_스타일난다 홈페이지

에 308개, 해외 141개로 총 449개에 달한다. 스타일난다가 이렇게 오프라인 사업을 공격적으로 확장할 수 있었던 데에는 여러 협력업체의 힘이 컸다. CJ의 올리브영(250개), 홍콩의 글로벌 패션기업 I.T(36개)에 브랜드를 입점하고 싱가포르 및 말레이시아에서는 프랑스계 화장품 유통사인 세포라Sephora(25개)와 협업해 광범위한 오프라인 유통망을 구축한 것이다.

원래 대부분의 의류 매장에서는 오프라인에서 제품을 보고 온라인에서 구매하는 '쇼루밍showrooming' 현상이 성행했다. 그러나 요즘은 그와 반대로 온라인에서 정보를 수집한 후 오프라인에서 구매하는 '역쇼루밍' 트렌드도 나타나고 있다. 이런 측면에서 스타일난다의 오프라인 매장 확대는 트렌드에 발맞추고 온·오프라인 간의 시너지를 끌어낸 성공적인 전략으로 볼 수 있다.

아마존이 그랬던 것처럼 앞으로는 국내의 플랫폼 기업들 사이에서도 역디지털화 현상이 보다 지속적이고 광범위하게 일어날 것이다. 대외적으로 브랜드 인지도를 높이고 소비자들에게 새로운 체험과 경험을 제공하기 위해서는 일정 수준 이상의 접촉이 필수적이기 때문이다. 2021년 코로나가 심각한 와중에도 홍대에 출점한 무신사와 성수동에 공간을 마련한 온라인 클라우드 펀딩 플랫폼 와디즈의 행보는 소비자 접촉과 경험의 중요성을 알려준다.

다시 강조하자면 이들 플랫폼이 조성하는 오프라인 공간은 판매에 주안점을 두기보다는 새로운 체험을 제공하는 '경험 공간'으로서의 의미가 크다. 이들은 이미 온라인·모바일 플랫폼에서 물건을 판매하는 생태계를 갖춘 만큼, 오프라인의 역할은 공간에서의 경험이 온라인 판매로 연결되도록 하는 것이다.

물론 전통적인 오프라인 판매 기반의 회사나 개인이 무신사와 라인, 카카오, 와디즈가 오프라인 공간을 오픈했다고 해서 해당 지역에 경험 위주의 공간을 따라 만드는 것은 어려울 것이다. 심지어는 위험할 수도 있다. 경쟁력 있는 온라인·모바일 플랫폼을 갖추지 못한 채, 경험 공간 운영으로만 수익을 일으키는 데는 명확한 한계가 있기 때문이다.

차별적인 경험 공간을 내세웠으나 실패한 사례로는 신세계의 '삐에로쑈핑'을 들 수 있다. 2018년 신세계 이마트는 코엑스에 기존 유통 판매 업계의 상식에 반하는 공간을 열었다. '정돈보다는 혼돈', '쇼핑보다는 재미'라는 역발상 콘셉트를 앞세운 만물잡화점을 오픈한 것이다. 삐에로쑈핑은 초기에는 매우 재미있는 공간이라고 입소문을 타며 많은 방문객을 끌어냈다. 하지만 시간이 지나자 소비자들은 그 공간을 재방문할 때 새로운 차별성을 느끼지 못했고 차츰 발길을 줄이기 시작했다. 그 결과 삐에로쑈핑은 사업 시작 1년 6개월 만에 완전히 철수하며 실패로 끝났다.[67]

사실 삐에로쑈핑은 일본의 돈키호테 매장과 매우 유사하다. 돈키호테 역시 처음 매장을 방문했을 때는 색다른 경험을 할 수 있지만, 두세 번 다시 찾는 시점에서 그 색다름은 매우 퇴색된다. 새로운 차별적 경험도 반복되다 보면 더 이상 차별적으로 느껴지지 않기 때문이다.

이마트 같은 거대 기업마저도 오프라인에 차별적 경험 공간을 열었다 실패하는 일을 겪을 만큼, 오프라인 리테일 공간 운영은 매우 힘든 게 현실이다. 플랫폼 기업이 역디지털화를 통해 오프라인 공간으로 진입하는 것은 새로운 트렌드이기는 하지만, 온라인 플랫폼을 제대로 갖추지 못한 기업이나 개인은 경험 공간 오픈에 많은 고민을 거쳐야만 할 것이다.

현재는 영업을 종료한 삐에로쑈핑 명동점   출처_ 이마트

플랫폼이 이끄는 부동산의 미래

안성우

(직방 대표, 한국프롭테크포럼 의장)

Q. 플랫폼 기업의 성장세가 엄청납니다. 대표님께서도 부동산 플랫폼 '직방'을 운영하고 계시지요. 플랫폼이 도시공간을 바꾸고 있다는 것을 실감하시나요?

플랫폼 기업의 역할과 서비스 범위가 점차 넓어지고 있습니다. 일례로 배달 플랫폼이 없었다면 코로나19 시국에 식사를 어떻게 해결했을까 하는 생각이 들곤 합니다. 배달이 원활한 인프라가 구축되었기 때문에 배달만 전문으로 하는 점포가 더 늘어나기도 했습니다. 코로나로 인해 외식 문화가 바뀌고 그에 맞춰 도시공간 역시 변화하는 중이라고 보여집니다.

직방의 경우를 놓고 봐도 그렇습니다. 직방이 최근 출시한 가상의 오피스이자 업무 협업 툴인 '메타폴리스'는 통근의 개념을 바꾸고 있습니다. 직방은 완전한 원격근무 체제를 결정하게 되면서 본사를 없애고 전 직원이 '메타폴리스'로 출근하고 그곳에서 함께 일하고 있습니다. 지금까지는 교통을 통한 통근(commuting by traffic) 시대에 살았지만, 앞으로는 통신을 통한 통근(commuting on the network) 시대에 살게 되는 것이지요.

Q. 온라인 플랫폼이 오프라인 공간으로 내려오는 '역디지털화'가 활발히 진행 중입니다. 플랫폼이 실물자산인 부동산의 가치에 어떤 영향을 미칠 거라 예상하시나요?

역디지털화로 부동산의 가치가 사라지는 것이 아니라, 부동산 가치에 영향을 미치는 요소들의 우선순위가 바뀔 거라 생각합니다. 플랫폼이 과거에 무형의 서비스만을 제공해왔다면 이제는 오프라인 공간으로 연결돼 더 확장된 서비스와 경험을 제공할 수 있게 됐습니다. 기존에는 하드웨어를 위해 소프트웨어가 존재했다면, 이제 소프트웨어를 위한 하드웨어가 존재하는 시대가 된 것이지요. 이렇게 되면 실물자산인 부동산의 가치에 충분히 영향을 미칠 수 있을 것으로 보입니다.

예를 들어 플랫폼 기업 아마존이 '아마존고'라는 식료품 매장을 시애틀 한복판에 운영하면서 꽤 큰 파장이 일었었습니다. 온라인상에서만 존재한다고 여기던 아마존 서비스의 실체를 직접 보고 만질 수 있었기 때문이죠. 이곳은 소비자가 계산대에 줄 서지 않고 제품을 구입할 수 있는 부분 자동화 시스템이 적용되어 있습니다. 아마존이 기존에 구축해 놓은 IT 인프라 덕에 오프라인 공간에서도 이런 서비스를 구현할 수 있었다고 생각됩니다.

Q. 부동산과 IT가 융합된 '프롭테크Proptech'가 발전하고 있습니다. 프롭테크가 현실에서 어떻게 활용되고 있고, 앞으로 우리 생활에 어떤 변화를 가져올지 궁금합니다.

프롭테크는 공간의 경험을 기술로 혁신시키는 산업을 의미합니다. IT 기술력만 있다면 적은 자원으로도 소비자들이 공간에 대해 다른 경험과 효익을 얻을 수 있습니다. 가령 메타버스가 적용된 서비스를 도입한다면 기존의 공간이 열악할지라도 기술로 인해 더 확장된 공간을 경험하게 되고 부족했던 부분을 어느 정도 해소하게 됩니다.

그러나 해외에 비하면 국내의 프롭테크 산업은 아직 초기 단계입니다. IT 기술의 발전으로 보수적이고 전통적인 부동산 산업도 조금씩 디지털 전환이 이뤄지고 있습니다. 처음엔 '부동산 정보 플랫폼'을 중심으로 두각을 보였다면, 이제는 전통적인 플레이어들인 시공사, 시행사도 IT 기술을 도입하고 있습니다. 드론을 띄워서 건설 현장을 측량해 정확한 설계를 추진하고, 시공에 필요한 자재를 빅데이터로 미리 계산해 생산성을 향상시키는 등의 여러 변화가 일어나고 있습니다.

프롭테크라는 범주의 영역도 넓어지고 있습니다. 실제로 한국프롭테크포럼 회원사 중에는 직방, 야놀자와 같은 스타트업도 있지만 현대건설, KT, LG전자 등의 대기업도 포함되어 있습니다. 즉 프롭테크 사업 영역도 뚜렷한 경계 없이 확장되고 있는 추세라 할 수 있습니다. 꼭 '부동산 관련 사업', '부동산 관련 기술력'이 있는 기업만이 아니라 '기술'만 갖고 있더라도 부동산업에서 특정한 영향을 미칠 수 있다면 프롭테크 사업이라고 볼 수 있습니다.

Q. 예전에는 부동산 거래를 하려면 발품을 팔고 직접 임장을 다녀야 했지요. 플랫폼으로 인해 부동산 거래 문화도 많이 바뀐 듯한데요. 이러한 문화는 어떻게 변해왔고 앞으로는 어떤 변화를 기대할 수 있을까요?

부동산 거래 역시도 프롭테크로 인해 더욱 편리하게 바뀔 것이라고 생각합니다. 해외에서는 중개법인이 매물 거래를 도울 뿐만 아니라 집수리, 인테리어, 금융 관련 업무까지 모든 서비스를 연계해 제공하고 있습니다. 주거와 관련된 토탈 서비스를 제공함으로써 이용자의 삶의 만족도를 높이고 더 편리한 생활을 가능케 하는 것이지요. 이 중심에는 IT 기술이 자리 잡고 있습니다.

그에 비해 국내의 부동산 거래 시장은 아직까지 오프라인 중심이고 파편화된 정보들을 직접 '발품 파는' 과정을 통해 수집해야 된다는 단점이 있습니다. 다양한 프롭테크 기업들이 부동산 중개 과정에 필요한 정보를 제공하는 데 집중하고 있지만 아직까지는 부족한 상황입니다. 하다못해 배달 음식을 시킬 때도 리뷰와 평점 등 많은 정보를 접하게 되는데 수억 원대의 아파트를 구매할 때는 훨씬 더 많고, 정확한 정보가 필요할 것입니다. 직방에서도 VR(Virtual Reality), 3D 등의 기술을 활용해 아파트 단지를 가보지 않고도 살펴볼 수 있도록 기술 개발에 매진하고 있습니다. 부동산 정보를 더 입체적이고 사실적으로 파악할 수 있다면 매매를 결정하는 과정에 있어 많은 도움이 될 거라 생각합니다.

Q. 플랫폼이나 프롭테크를 이용해 부동산 투자 정보를 얻는 방법이 있을까요?
부동산 투자에 도움을 주는 다양한 프롭테크 플랫폼 기업들이 있으며 저마다 전문 분야가 있습니다. '알스퀘어'를 활용하면 상업용 부동산과 오피스 매물을 스캐닝 할 수 있습니다. '리치고'나 '빅밸류' 같은 시세 예측 및 산정 서비스를 이용해 매물의 가격대를 파악해볼 수도 있습니다. '카사코리아'는 블록체인 기반의 부동산 간접투자 플랫폼으로, 건물 지분을 주식처럼 매매하는 서비스를 제공합니다. '위펀딩'처럼

직방이 제공하는 VR 홈투어 서비스   출처_직방 홈페이지

약정 기간에 건물에 소액 투자하는 상품 등을 활용하는 것도 방법입니다.

주거용 부동산은 직방뿐만 아니라 '호갱노노'를 많이 사용하기도 합니다. 호갱노노는 현재 자신이 보고 있는 아파트 단지를 몇 명이 보고 있는지부터 주변 직장인의 연봉 수준, 대출 한도액, 개발 호재 등 집을 살 때 필요로 하는 정보들을 다양하게 제공하고 있습니다.

Q. 주거 유형과 선호 부동산에 대한 다양한 예측이 나오고 있습니다. 필드 전문가의 입장에서는 어떤 트렌드에 주목하고 계신가요?

코로나19가 지속되면서 이제는 집 안에서의 생활이 다양한 활동을 포함하게 됐습니다. '재택근무', '홈트레이닝' 등 기존에 외부에서 하던 활동을 집 안에서 하게 되며 집의 의미 또한 과거와는 많이 달라졌습니다. 이처럼 주거생활이 갖는 의미가 변화하는 트렌드에 주목하고 있습니다.

삶의 양식이 달라지면서 선호하는 부동산 매물의 특성도 달라질 것이라 예상합니다. 예를 들어 부부가 모두 재택근무를 하게 된다면, 한 공간에서 같이 일할 수 없어 각자의 업무 공간이 따로 필요할 수 있습니다. 이렇게 되면 방의 개수가 전보다 더 많이 필요해질 수 있을 것입니다. 또 외부 활동을 지양하고 집 안에서 하는 취미 활동이 많아짐에 따라 활동 공간이 더 넓은 집의 선호도가 높아질 것이라고 생각됩니다. 직방은 또한 집 안에서의 주거생활을 더욱 편리하게 하기 위해 홈 컨시어지 Home Concierge 서비스를 준비하고 있습니다. 고급 아파트에서만 경험할 수 있었던 입주민 편의 서비스를 모바일로 제공해 누구나 이용할 수 있도록 할 계획입니다.

반대로 자신의 주택 내 환경을 구축하는 것이 아니라, 외부의 공간을 공유하는 경우도 많습니다. 앞으로는 어떤 활동을 하기 위해 공간을 공유할 수 있는 오피스, 라운지, 다목적 공유공간 등이 각광받을 것이라 예측됩니다.

메타버스

: 가상세계와 부동산의 만남 :

부동산 업계 또한 메타버스를 주목하고 있다. 메타버스는 단순히 오프라인 부동산 거래에 활용되는 걸 뛰어넘어, 3차원 가상세계에서 가상 부동산을 만들어 임대사업을 하는 놀라운 단계까지 발전하고 있다.

메타버스란 무엇인가?

　메타버스가 세상을 강타하고 있다. '메타버스Metaverse'는 가상을 의미하는 '메타meta'와 현실세계를 뜻하는 '유니버스universe'의 합성어로 간단히 말하자면 '3차원으로 구성된 가상세계'를 뜻한다. 단순히 그래픽상으로 구현된 이미지의 영역을 넘어, 현실세계와 마찬가지로 사회, 경제, 문화 활동이 가능한 공간이다. 메타버스는 현실과 가상, 온라인과 오프라인의 경계를 넘나들며 우리 삶의 모습을 바꾸고 있다.

　메타버스는 현재 다양한 분야에 활용돼 가장 뜨거운 미래 트렌드로 주목받고 있다. 예를 들면 엔터테인먼트 산업에서는 아이돌의 팬사인회를 메타버스 플랫폼에서 진행하기도 하고, 기업에서는 직원의 채용면접이나 교육에 이를 활용하고 있다. 또한 그동안 대면 업무가 많았던 은행에서는 비대면 채널을 발굴하기 위해 메타버스 점포를 만드는 시도까지 이루어지고 있다.[68] 산업뿐만 아니라 정계에서도 메타버스를 활용하는 움직임이 있는데, 최근 한 정당에서는 대선캠프를 메타버스 안에 구축해 화제가 되기도 했었다.

　메타버스는 이렇듯 우리 곁으로 성큼 다가왔다. 메타버스는 잠깐 유행하고 스쳐지나갈 개념이 아니라 앞으로 우리 삶에 지대한 영향을 미칠 미래 트렌드인 것이다.

메타버스와 결합되는 부동산의 미래

부동산 업계 또한 메타버스를 주목하고 있다. 가장 대표적인 실물 자산인 부동산이 가상공간에서 어떻게 활용될 수 있을지 의아해하는 사람도 있을 것이다. 하지만 부동산은 오히려 '공간'이라는 특성을 활용해 다양한 시장에 접목될 수 있어 확장 가능성이 크다. 특히 코로나 사태로 오프라인과 대면 활동에 많은 제약이 가해지고 온라인 수업, 재택근무 등이 일상화되며 부동산과 메타버스의 만남은 더 이목을 끌고 있다.

부동산에 메타버스가 활용되는 구체적인 예를 들어보자면 우선 부동산 거래 방식을 꼽을 수 있다. 기존에 큰 비용과 공간, 시간을 들여 건축되던 모델하우스 시장이 사라지고, 일일이 오프라인 공간을 찾아다니며 집을 봐야 할 필요가 줄어들었다. 이제 가상현실(VR)과 증강현실(AR), 메타버스 기술을 활용하면 전 세계 어느 곳에 있는 부동산이건 직접 이동하지 않고도 매물을 살펴보고 전문가와 대화를 나누며 업무 계약까지 체결할 수 있는 시대가 되었다.

또한 메타버스는 단순히 오프라인 부동산 거래에 활용되는 걸 뛰어넘어, 3차원 가상세계에서 가상 부동산을 만들어 임대사업을 하는 놀라운 단계까지 발전하고 있다. 건물이 디지털 공간에 재현되고, 사람들은 자신의 아바타를 통해 현실감 있는 이동과 대화를 할 수 있다.

앞으로는 사업 영역과 업무 내용에 따라, 직원들이 메타버스 속 가

메타버스 플랫폼 제페토의 블랙핑크 아바타

출처_YG엔터테인먼트 트위터

LG전자가 가상공간에 구축한 캠퍼스의 행사장

출처_LG전자

상 사무실로 출퇴근하는 일이 늘어날 수 있다. 물론 이는 산업 영역에 따라 다를 텐데, 전통적인 대면업무를 중시하는 금융업은 여전히 오프라인에서의 일대일 만남이 중요할 수 있으나, IT 업계에서는 가상 사무실을 더욱 적극적으로 활용할 수 있다. 지방과 해외 거주자 등에게 제약이 되던 물리적 거리를 극복함으로써 근무지로의 이동과 업무에 효율을 가져오는 것이다. 메타버스는 시공간의 장벽을 무너뜨리는 혁신적 전환점이 될 것이다.

부동산과 메타버스를 접목시켜 가장 잘 활용하고 있는 대표적 기업으로 부동산 플랫폼 '직방'이 있다. 직방은 자체적으로 메타버스 플

직방의 메타버스 플랫폼 '메타폴리스' 속 롯데건설 빌딩

랫폼 '메타폴리스'를 개발해 가상공간에 현실의 오피스 라이프를 구현해냈다. 메타폴리스 속 30층으로 이루어진 가상 건물의 4층에는 실제로 직방이 입주해 있다. 직방은 오프라인 사무실을 없애고 디지털 세상의 오피스를 활용하는 파격적인 방식으로 직원들의 비대면 근무를 장려하고 있다.[69]

또한 직방은 대형 건설업체와 협약을 맺고 향후 메타버스 기반의 부동산 사업을 확장하겠다 발표한 바 있다. 이처럼 메타버스가 부동산에 가져올 미래는 우리 상상을 훨씬 뛰어넘는 모습일지도 모른다.

메타버스 시장에 잠재된 기회를 잡아라!

$$\left(\text{최형욱}\right)$$

(라이프스퀘어 대표, 《메타버스가 만드는 가상경제 시대가 온다》 저자)

이 인터뷰는 메타버스 플랫폼 '게더타운Gather town'에서 이루어졌습니다.

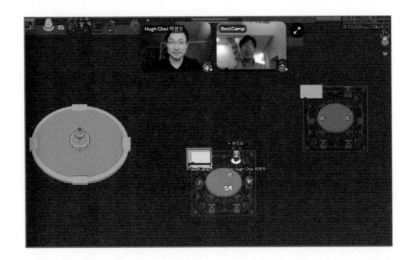

Q. '메타버스'란 무엇인가요?

합의된 정의는 아니지만 제가 정의한 메타버스의 의미는 이렇습니다. '현실세계와 인터넷으로 연결되어 디지털로 가상화된 다차원 시공간으로 이루어진 다중 사용자 중심 세계'. 그러니까 메타버스에는 3가지 조건이 있는 것입니다. 인터넷과 연결될 것, 디지털로 가상화되어 우리 눈에 보일 것, 다중 사용자 중심의 세계일 것. 사람들은 흔히 메타버스를 얘기할 때 로블록스 Roblox, 게임 〈모여봐요 동물의 숲〉, 제페토ZEPETO, 세컨드 라이프 Second Life 등을 떠올립니다. 하지만 이런 것은 메타버스라는 커다란 우주의 부분일 뿐, 전체인 메타버스는 하나입니다.

Q.메타버스 시장의 성장 규모는 어느 정도일 거라 예상하시나요? 잠재된 기회가 얼마나 있는지 궁금합니다.

메타버스는 측정이나 예측이 가능하지 않으니 누구도 정확히 알 수는 없을 겁니다. 하지만 분명한 건 메타버스 시장에 잠재된 기회는 매우 크다는 것입니다. 인터넷 웹 브라우저가 탄생한 것은 겨우 26년 전입니다. 불과 26년 만에 우리는 인터넷 없이는 살 수 없는 세상을 살고 있습니다. 메타버스는 인터넷이 다차원의 시공간으로 확장되는 개념이라 볼 수도 있습니다. 우리가 그동안 평면으로 마주하던 인터넷의 세계에 공간과 시간 개념이 더해지는 것입니다. 그 사이에는 수많은 기회가 잠재되어 있겠지요.

메타버스가 성장 가능성이 큰 분야라고 생각하는 또 다른 이유는 메타버스를 구현하기 위한 관련 기술들이 활발히 개발되고 있기 때문입니다. 증강현실, 가상현실, 미러월드 Mirror World, 라이프로깅 Life Logging 등 메타버스와 함께 자주 등장하는 이 용어들은 그 자체가 메타버스는 아닙니다. 메타버스를 구현하거나 메타버스에 접속하기 위한 기술이지요. 이런 기술들은 설령 메타버스를 만드는 목적에 쓰이지 않더라도 세상을 바꿀 수 있는 큰 잠재력을 갖고 있습니다.

Q.많은 산업군에서 메타버스를 이해하고 활용하려는 시도가 일어나고 있습니다. 대표적 실물자산인 부동산도 마찬가지인데요. 메타버스가 부동산 업계에서 어떻게 활용될 것으로 예상하시나요?

현실세계에 있는 물리적인 부동산과 가상세계 안에 있는 가상 부동산에 대해 각각 생각해볼 수 있겠습니다. 그런데 요즘은 그 둘의 구분이 점점 어려워지고 있습니다. 메타버스는 온라인과 오프라인의 경계를 무너뜨리는 동시에 현실세계와 가상세계의 경계도 모호하게 만들기 때문입니다.

부동산 플랫폼 직방의 예를 통해 현실의 부동산과 가상의 부동산에서 메타버스가 어떻게 활용되고 있는지 이야기해보겠습니다. 직방은 가상현실 기술을 활용해서 직접 집을 보러 가지 않아도 360도 입체영상을 통해 집을 구경할 수 있는 시스템을 만들었습니다. 가상현실이라는 메타버스 관련 기술이 현실의 부동산 매매에 편리함을 제공한 것이지요. 한편 직방은 완전 재택근무를 채택하며 현실의 물리적 사무실을 없애고 가상공간에 빌딩을 지었습니다. 그 빌딩에 직방의 가상 사무실도 들

사이버 모델하우스의 세대 투어 VR   출처_GS건설 위례자이더시티 홈페이지

어 있으며 다른 층은 임대로 내놓아 실제로 거래되었다고 합니다. 이 경우는 가상의 부동산에 실제의 가치를 입힌 경우지요. 이렇듯 현실세계와 가상세계는 양방향으로 영향을 미치며 때로는 합쳐지는 형태로 부동산에 활용되고 있습니다.

Q.메타버스는 리테일에도 광범위하게 영향을 미치며 소비자의 쇼핑 문화를 바꾸고 있습니다. 메타버스가 오프라인 쇼핑몰의 운명에 어떤 영향을 미칠까요?

메타버스의 영향으로 오프라인 쇼핑몰이 위험해질 수 있을까요? 저는 위험해질 만한 건 이미 다 위험해졌다고 생각합니다. 온라인과 오프라인 공간은 각자의 장단점이 있습니다. 온라인 쇼핑은 목적지향적 소비에서 빛을 발합니다. 내가 사고 싶은 물건이 딱 정해져 있을 때, 포털 검색을 통하면 온라인으로 편하게 구매할 수 있습니다. 반면 오프라인은 발견지향적 소비에 유리합니다. 사고 싶은 물건이 정해져 있는 건 아니지만, 매장을 둘러보며 비교하고 만져보고 갑자기 눈에 띄는 물건이 구매로 이어지기도 하지요. 온라인의 편리함에도 불구하고 오프라인이 사라지지 않는 이유입니다.

오프라인 공간은 복합공간으로 바뀌면서 사람들에게 경험 중심의 서비스를 제공하고 있습니다. 오프라인 공간만의 차별점입니다. 지금 위험한 오프라인 쇼핑몰은 이런 경험 중심의 소비 트렌드를 따라가지 못하는, 소비자로 하여금 목적지향적 쇼핑을 하도록 만드는 곳입니다. 메타버스로 인해 오프라인 쇼핑몰이 쉽게 망할 거라고 생각하기 힘든 이유가 이것입니다.

재미있는 것은 메타버스는 온라인 환경임에도 불구하고 발견지향적 경험에 강점을 가지고 있다는 것입니다. 온·오프라인의 장점을 다 가질 수 있는 (단점을 다 가질 수도 있지만) 것입니다. 메타버스의 경험보다 못한 오프라인 공간은 메타버스로 인해 위협을 받을 수도 있습니다. 그러나 오히려 메타버스의 계속적인 자극이 오프라인을 더 진화시키며 상호 발전할 수 있는 기회가 될 수도 있습니다. 결론적으로 메타버스로 인해 오프라인 쇼핑몰이 완전히 대체될 수는 없다고 생각합니다.

Q.메타버스 시대에 관련 분야 투자를 추천한다면 어떤 것이 있으신가요?

틀릴 수 있기 때문에 의견을 드리기가 조심스럽습니다. 그럼에도 메타버스와 관련해 뭔가 투자를 하고 싶으시다면 투자처는 굉장히 다양하다고 말할 수 있습니다. 관련 기술까지 포함한다면 메타버스는 매우 광범위한 영역에 활용되기 때문입니다. 메타버스 관련해서 잘하고 있는 회사들은 페이스북, 엔비디아 NVIDIA, 구글, 마이크로소프트, 애플 Apple 등 지금도 다 잘하고 있는 빅테크 기업들입니다. 그럴 수밖에 없는 것이 빅테크 기업들의 핵심 역량인 수직통합화된 생태계(디지털 플랫폼, 디지털 전환, 클라우드, 디바이스, 콘텐츠 등)가 메타버스 산업에서 엄청난 경쟁력이 되기 때문입니다. 이런 빅테크 회사들은 지금도 기업가치가 크고 비싸지만 앞으로도 더 성장할 여지가 있습니다.

그 외의 메타버스 관련 스타트업에 투자하고 싶으시다면 다른 것보다도 '내가 계속 쓰고 싶고 내게 편리함을 주는' 제품과 서비스를 만드는 회사에 투자하시길 권하고 싶습니다. 그리고 그런 마음이 앞으로도 지속될 가능성이 있는 기업을 찾으시길 바랍니다.

Q.가상 부동산은 투자할 가치가 있을까요?

가상 부동산이 새로운 개념은 아닙니다. 이미 2003년에 세컨드 라이프가 나왔을 때도 가상 부동산과 그 매매가 있었고, 그것으로 돈을 번 사람도 많았습니다. 그러나 그들이 여전히 돈을 벌고 있고 세컨드 라이프가 잘되고 있냐 하면 그렇지 않습니다. 지금은 그를 대체할 수 있는 수많은 것들이 등장했고, 초창기 모델이었던 세컨드 라이프는 사람들의 흥미에서 멀어졌습니다. 아직 기술적인 보호가 약한, 리스크가 있는 시장인 것도 가상 부동산 투자가 빠르게 성장하지 못하는 이유 중 하나입니다.

가상 부동산에 투자를 하려는 사람들은 현실세계의 건물주처럼 그 부동산에서 나오는 임대료를 얻고 싶을 것입니다. 그러려면 그 부동산을 빌리려는 사람이 있어야 할 텐데 그것이 쉽지 않습니다. 가상공간에서는 능력과 자본만 있으면 누구나 부동산을 만들 수 있기 때문입니다. 임대료를 내고서라도 사용하고 싶을 만큼 독점적이며 지위를 인정받는 거대 플랫폼은 아직 없어 보입니다. 가상세계의 부동산 투자는 그것이 인정받기 위해 필요한 조건들, 지속가능성, 앞으로 기다려야 하는 시간 등을 고려했을 때 아직 기반이 충분치 않습니다. 투자로서의 가상 부동산은 적어도 당분간은 권하고 싶지 않습니다.

Part
2

부동산
빅이슈 TOP 10

부동산 뉴노멀

: 당신이 알던 아파트 가격은 잊어라! :

'부동산 뉴노멀'의 시대가 열렸다. 코로나로 인해 개인들 사이에 투자 광풍이 불면서 부동산 시장은 유례없는 혼돈의 시기를 겪고 있다. 그렇다면 부동산 시장의 새로운 표준은 무엇이며 이는 언제부터 시작된 것일까? 그리고 우리는 앞으로 펼쳐질 상황에 어떻게 대응해야 하는 걸까?

2020년 전 세계를 강타한 코로나 못지않게 대한민국 사회에서는 '부동산', 그 중에서도 '아파트와 전월세 폭등'이 뜨거운 이슈였다. 불과 몇 년 사이에 부동산 시장은 피부로 느껴질 만큼 격변했고, 완전히 새로운 시장이 펼쳐졌다. 단기간에 집값이 천정부지로 치솟으며 투자자들과 서민들, 정책 집행자들과 부동산 전문가들까지도 갈피를 잡지 못하고 있다. 그야말로 '혼돈의 소용돌이' 속에 갇힌 형국이다.

하지만 이런 와중에도 부동산 시장에는 새로운 표준, 즉 '뉴노멀 New Normal'이 정립되었다. 거대한 패러다임의 전환이 일어난 것이다. 흥미로운 점은 완전히 새로운 판도로 보이는 현재의 상황이 이미 몇 년 전에 시작되었고, 여전히 부동산 사이클의 공식 안에서 움직이고 있다는 사실이다. 평소 부동산 사이클을 잘 이해하고 시장의 신호를 관찰해왔다면 지금 같은 혼돈의 시기에 보다 침착하게 대비하고 나아가 큰 기회를 잡을 수 있었을 것이다.

이번 Part 2에서는 부동산 시장 안에서 사이클이 어떻게 반복되고 있고, 어떤 새로운 현상이 등장해 우리를 놀라게 하고 있는지 살펴보려 한다. 절대 놓쳐서는 안 될 부동산 시장의 10가지 '빅이슈'를 통해 이를 정리해보도록 하자.

아파트 시장의 사이클을 읽어라!

부동산 시장의 판도가 완전히 바뀌었다는 것은 더 이상 예전의 가격 패턴을 기대해서는 안 된다는 것을 의미한다. 사람들은 부동산 투자를 할 때 '대세', '상승' 같은 단기적 키워드에 관심이 많다. 하지만 그보다는 더 넓은 시각에서 부동산 사이클인 '흐름'을 이해해야만 현명한 판단을 할 수 있다. 이를 위해 과거부터 현재까지의 서울시 아파트 가격을 통해 큰 흐름을 읽어내고, 어떤 변화가 '부동산 뉴노멀의 시대'를 이끌고 있는지 살펴보자.

2007년부터 2021년까지, 최근 15년간 서울시 아파트 가격은 어떻게 변해왔을까? 전년 동월 대비 상승률(YoY; Year over Year)과 가격지수로 분석한 자료를 보자. 우선 2007년, 노무현 대통령의 참여정부 시기에 서울 아파트 가격이 상당히 폭등했다는 것을 알 수 있다. 이 시기에는 전년 동월 대비 가격 상승률이 15~27%에 달할 정도였으며, 2008년 글로벌 금융위기가 터지기 전까지 계속 상승세를 보여

서울시 아파트 가격 상승률과 가격지수(2007~2021년)

2000년대 이후 사상 최고가를 찍기에 이르렀다. 하지만 글로벌 금융 위기에 대한 보도가 활발히 이루어진 6월부터 서울 아파트 가격은 급격히 떨어지기 시작해 2008년 12월 무렵에는 6월의 고점 대비 20%나 폭락했다.

위기의식을 느낀 당시의 이명박 정권은 금융위기에 대한 대응으로 기준금리를 무려 3%p 인하했고, 부동산 시장은 다시 안정화되며 전고점의 가격을 회복했다. 즉 단기간에 20% 올랐던 아파트 가격이 20% 떨어졌다가, 다시 20% 오른 것이다. 이때의 변동 폭은 매우 컸고 변화는 무서울 정도로 빨랐다.

그러나 2010년에 접어들면서 부동산 시장은 장기 정체에 빠졌다. 여기에는 2가지 요인이 작용했는데, 하나는 점진적 이자율 인상이고 다른 하나는 보금자리주택 정책 때문이었다. 이자율이 오르면 은행에 현금을 예치하려는 사람이 늘어나 시장의 유동성이 줄어들게 된다. 현금이 은행에 매여 부동산 거래가 줄어드니 부동산 가격도 정체된 것이다. 보금자리 아파트는 '분양 로또'라 불릴 만큼 인기를 끌면서 기존 아파트 거래량을 끊어버렸다. 원래 같았으면 아파트에 몰렸을 수요가 보금자리 아파트 분양 시장으로 이동하며 기존 일반 아파트의 가격을 낮춘 것이다.

부동산 가격 하락 시기는 이후로도 길어져, 2008년 12월부터 2009년 9월 사이의 짧은 회복기를 제외하면, 아파트 가격의 침체기가 무려 51개월이나 이어졌다. 장기간의 침체로 아파트 가격이 5년 안에 반값이 될 거라는 예측이 나올 정도였다.[70] 이처럼 2010년대 초중반에는 부동산 시장에 대한 부정적인 시각이 절대적이었다. 그런데

2010년대 중반을 지나면서 상황이 급변하기 시작했다. 서울시 아파트 가격이 어마어마한 우상향 곡선을 이어간 것이다.

이런 부동산의 가격 등락은 중요한 시사점을 준다. 그것은 부동산은 상승-하락-상승의 사이클이 존재하는 시장이며 일방향의 대세상승과 대세하락은 없다는 것이다. 그런데 우리나라 경기는 기본적으로 우상향 추세이기 때문에 부동산 가격 역시 크게는 우상향 추세선 안에서 상승-하락-상승의 패턴이 나타난다. 또한 상승 기간과 하락 기간이 조금 다른데, 일반적으로 상승 기간이 더 길다.

더하여 부동산 가격의 상승과 하락에 크게 영향을 주는 이자율에 대해서도 알아야 할 필요가 있다. 추후 '이자율'과 관련한 파트에서 자세히 설명하겠지만, 부동산 가격은 이자율과 반대로 작동한다. 다른 조건이 없을 때 이자율이 오르면 부동산 가격이 하락·정체되고 이자율이 내려가면 부동산 가격이 오르는 것이다. 2010년대 서울시 아파트 시세가 그랬듯 하락 기간은 4~5년 정도로 길게 이어질 수 있다. 따라서 이자율 인상과 같은 부정적 효과가 발생하는 경우 4~5년의 하락 기간을 감수하고 버틸 수 있어야 한다.

현재(2021년 10월) 한국은행 기준금리는 0.75%다. 2021년 8월에 0.50%였던 기준금리가 0.25%p 올랐다. 지금도 기준금리 인상 시그널이 계속 나타나고 있는데, 아마 급격하게 이자율을 상향 조정하지는 않더라도 앞으로 최소한 1.0~2.0%까지는 올릴 것으로 예상된다. 그 말은 앞으로 부동산 시장이 하락세로 돌아서면, 3~4년의 장기 침체를 각오해야 한다는 것이다. 결국 부동산은 반복되는 사이클이다.

아파트 가격, 왜 오른 만큼 안 떨어질까?

자본주의 시장에서 부동산 가격의 향방은 누구도 단언할 수 없다. 그렇지만 미래 서울시 아파트 가격 예상에 있어 한 가지 확실한 건, 결코 부동산 가격이 대폭등이 일어나기 전 수준으로 돌아가지는 않을 것이라는 점이다. 부동산은 '하방경직성(수요와 공급의 법칙에 의하면 하락해야 할 가격이 어떤 원인으로 인해 내려가지 않는 현상)'이 강한 자산이기 때문이다.

즉, 쉽게 가격이 내려가지 않는 성질이 있다는 뜻이다. 부동산은 적지 않은 규모의 투자를 전제로 하는 재화인 만큼, 소유주는 결코 손해를 보면서 팔려고 하지 않는다.[71] 특히 자기자본이 많이 투입된 경우, 하락 폭이 크더라도 팔지 않고 버틸 가능성이 매우 크다.

예를 들어보자. 미국과 우리나라는 LTV(주택의 담보가치 대비 최대 대출 가능 한도) 차이가 크다. 미국의 LTV는 평균 80%로, 주택 구매 시 매입 가격의 20%는 자기 돈을 쓰고 80%는 은행 대출을 활용한다. 그런데 우리나라에서는 집을 살 때 40~60% 상당의 자기 돈을 투입해야만 한다. 만약 미국과 우리나라의 주택 가격이 동시에 대세하락에 빠진다면 LTV 차이에 따라 대처가 달라질 수 있다.

미국과 같이 LTV가 높은 경우는 주택 가격이 20% 이상 떨어지게 되면, 이론상 자기자본이 모두 없어진 상태가 된다. 따라서 주택 소유주가 이자 지급 불능에 빠지면 은행 압류에 들어가게 되고, 이때 은행은 낮은 가격에라도 소유주의 자산을 빨리 처분하는 경향이 있다. 그런데 우리나라의 경우 가격이 20% 하락했다 하더라도, 집주인은 아직도 30% 정도의 자기자본이 남아 있는 상황이다. 따라서 대세하락이 오더라도 소유주는 집값이 폭락할지 모른다는 공포감에 선뜻 매도를 결정하지 않는다. LTV가 낮은 상황에선 주택 보유자가 대세하락기에 느끼는 압박감이 상대적으로 덜하기 때문이다.

이런 이유로 LTV가 낮은 우리나라에서는 부동산 가격을 지탱하는 구조가 존재한다. 따라서 집값이 다시 이전 수준으로 내려가길 기다리며 매수 타이밍을 노리는 사람이 있다면 부동산의 하방경직성에 대해 충분히 고려해보길 바란다.

'부동산 뉴노멀'이란?

'부동산 뉴노멀'의 시대가 열렸다. 코로나로 인해 개인들 사이에 투자 광풍이 불면서 부동산 시장은 유례없는 혼돈의 시기를 겪고 있다. 재테크에 대한 관심과 내 집 마련에 대한 기대, 불황 속 안전한 실물자산에 대한 추구 등의 요인이 겹치며 전 국민이 부동산에 관심을 두게 됐다. 부동산 가격은 자산의 유형을 가릴 것 없이 치솟았고 혼란한 시장 속 소위 말하는 '벼락 부자', '벼락 거지'도 탄생했다. 그렇다면 결국 부동산 시장의 새로운 표준은 무엇이며 이는 언제부터 시작된 것일까? 그리고 우리는 앞으로 펼쳐질 상황에 어떻게 대응해야 하는 걸까?

많은 이들이 부동산 가격의 급등을 최근 일로 여기며 그 원인을 코로나 사태로 짐작한다. 하지만 사실 부동산 뉴노멀은 '2016년'부터 시작되었다. 필자가 부동산 패러다임이 바뀐 시점을 2016년으로 보는 근거는 크게 2가지가 있다. 첫 번째는 그 시기에 거래량이 갑자기 폭발했다는 점이고, 두 번째는 서울시 고가 주택을 판가름하는 가격 기준 자체가 변했기 때문이다.

긴 하락세를 이어오던 서울의 아파트 가격은 2012년 12월에 저점을 통과한 후 서서히 상승하기 시작했다. 가격은 계속 회복되어 2015년 4분기에는 2008년 당시의 최고점을 돌파했고, 이때 시장에서 거래량이 터졌다. 특히 2015년 2분기의 거래량은 2007년 이후 최고치에 달했는데, 상당한 규모의 거래량에 가격이 다시 상승하는 패턴이 나타났다. 시장 참여자들은 가격이 전고점에 가까워지자 기대감에 더 많은 수가 거래에 뛰어들었으며 전고점을 뚫는 것이 확인된 순간 다시 한 번 폭발적인 시장 참여 흐름이 나왔다. 이에 서울 아파트 가격은 꾸준히 상승세를 이어갔고 2016년 2분기에는 사상 최고 거래량(47,865건)까지 나오게 됐다.

사람들은 일반적으로 과거 데이터를 기억하고 그 데이터에 따라

서울시 아파트 거래량과 가격지수(2006~2021년)

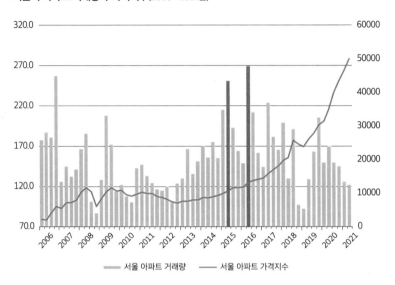

서울 아파트 거래량 ━ 서울 아파트 가격지수

행동하는 과거지향적 선호(Backward Looking)가 있다.[72] 과거 데이터를 토대로 가격 신호를 읽어낸 시장 참여자들은 2016년 전후로 부동산 시장에 뛰어들어 역대급 거래량을 만들어냈다. 주식 시장도 한번 거래량이 터지면 가격이 폭등하는 것처럼 부동산 시장도 마찬가지다. 2016년 이후 현재까지 지난 5년간 서울시 아파트는 엄청난 가격 상승을 이루었다. 따라서 가격 면에서나 거래량 면에서나 2016년은 부동산 패러다임의 변화가 일어난 뉴노멀의 시작점으로 볼 수 있다.

거래량과 가격은 함께 움직인다. 거래량이 증가하면 가격이 상승하는 패턴이 나타나며 거래량이 감소하면 가격이 하락한다.[73] 따라서 향후 매수나 매도 시점을 판단할 때는 거래량이 터지거나 급격히 줄어드는 시점을 (가급적 분기별 분석으로) 살펴봐야 한다. 부동산에 대해 공부하거나 부동산에 투자하려는 사람이라면 가격 등락을 관찰하는 것에 더해 거래량에 대한 이해도 중요하게 여겨야 한다.

15억 원 아파트가 비싸다고? 천만에

2016년 부동산 뉴노멀의 시작을 알리는 또 다른 증거는 고가 아파트(럭셔리 아파트) 가격 기준의 변화다. 고가 주택 시장도 2016년을 기점으로 급변했다. 일반적으로 고가 아파트는 해당 도시에서 거래되는 아파트를 가격순으로 나열했을 때 상위 10% 혹은 5%에 해당하는 것의 가격을 기준으로 한다.[74] 예를 들어 A도시에서 아파트 매매가 100건 거래되었다면 위에서 10번째나 5번째 아파트 가격 이상 되는 아파트를 고가 아파트라 보는 것이다.

현재 정부는 주택담보대출 제도를 주택 가격 기준으로 크게 3구간으로 나누어 운영하고 있다. 9억 원 이하, 9~15억 원 사이, 15억 원 초과가 그 가격 구간이다.[75] 이를 참고할 때, 정부에서 생각하는 고가 주택의 기준점을 15억 원이라 봐도 무방할 것이다. (정부 자료에서는 고가 주택을 9억 원 이상이라고 적시하기도 하나, 현재 시점에서 9억 원은 너무나 비현실적인 기준이다). 따라서 일단 고가 주택의 기준을 15억 원 이상으로 가정하고 그 타당성을 판별해보겠다. 과연 현재 서울에서 15억 원 아파트가 고가 주택의 기준이 될 수 있을까? 그런 아파트는 실제로 얼

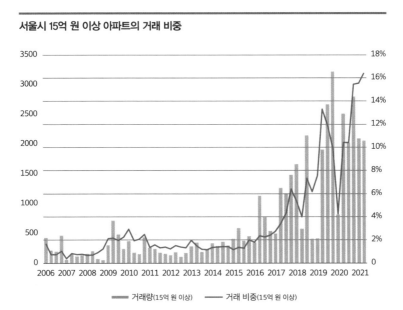

마나 거래되고 있을까? 서울시 15억 원 이상 아파트의 거래 자료를 살펴보자.

2016년 이전까지 15억 원 이상의 아파트는 전체 거래량에서 차지하는 비중이 2% 내외에 불과했고 명백히 '고가高價'였다. 그런데 2016년을 기점으로 15억 원 이상 아파트 거래량이 급격히 늘어나기 시작했다. 늘 전체 거래량의 1~2%대에 머물던 비중이 2019년 2분기에 이르자 무려 전체의 15% 이상을 차지하게 됐다.

앞서도 말했듯 거래량이 늘어나면 가격도 함께 상승한다. 15억 원 이상 아파트의 거래량이 늘어나자 가격도 급등하며 고가 주택 시장의 패러다임 자체가 변했다. 더는 과거의 고가 아파트를 '고가'라 부르기 힘든 상황이 된 것이다. 이제 서울에서 15억 원은 고가 아파트를 가늠하는 기준이 아니다. 부동산에 뉴노멀의 시대가 찾아온 만큼 서울시 고가 주택의 기준도 새로 정립되어야 한다. 새로운 기준에 대해서는 강남구의 데이터를 통해 〈이슈3. 고가 주택의 재정의〉에서 자세히 설명하도록 하겠다.

[슈카의 더마스터] "혼돈의 부동산 시장 투자 대처법"

임대차 3법

: 전월세 폭등의 방아쇠 :

기본적으로 노도성처럼 서민을 위한 주택이 많은 지역은 가격 폭등이나 폭락이 좀처럼 일어나지 않는다. 그런데 임대차 3법의 시행으로 예외적인 상황이 발생한 것이다. 서민들은 매매 시장에서도 전세 시장에서도 갈 곳을 잃고 패닉에 빠지고 말았다.

2살짜리 아이와 함께 20평대 아파트에서 전세로 생활 중인 C씨 부부. 아내는 2년 전부터 대출을 받아 집을 사자고 매일 졸랐지만 C씨는 집값이 더 내려갈 테니 기다려보자며 결정을 미뤄왔다. 그런데 예상과 달리 집값은 무섭게 치솟았고, 지난주 집주인으로부터 월세 계약으로 전환하겠다는 통보를 받았다. 월세가 부담스러웠던 C씨는 부동산에 가 새로운 전셋집을 알아보다가 충격적인 사실을 알게 됐다. 불과 1~2년 전 매매가격보다 현재의 전세가격이 더 비쌌던 것이다. 원망 섞인 아내의 눈길도 힘든데 설상가상 전세 대출도 쉽지 않다는 뉴스에 C씨는 하루하루가 힘겹다. 2년 전 집을 사지 않은 자신의 결정에 뒤늦은 후회를 해보지만 당장 어린 아이를 데리고 어디로 이사해야 할지 막막하기만 하다. 얼마 전 경기도로 거처를 옮긴 직장 동료처럼 자신도 정말 서울을 벗어나야만 하는 건지 오늘도 잠이 오지 않는다.

2019년 이후 부동산 시장에 영향을 미친 가장 큰 요인으로는 3가지가 있다. 코로나 팬데믹, 저금리로 인한 유동성 증가, 그리고 바로 '임대차 3법'이다. 개념을 잠시 짚고 넘어가자면 임대차 3법은 2020년 7월 30일부터 시행된 '전월세신고제', '전월세상한제', '계약갱신청구권제'를 묶어 통칭한다. '전월세신고제'는 주택 임대차 계약 후 30일 내로 지자체에 계약사항을 의무적으로 신고하는 제도고, '전월세상한제'는 계약 갱신 시 임대료 상승 폭을 5% 내로 제한하는 것, '계약갱신청구권제'는 임대차 보장 기간을 기존 2년에서 4년으로 늘린 것이다.

임대차 3법은 '세입자 보호'라는 좋은 정책 목적을 갖고 있다는 점을 부인할 수는 없다. 우리나라는 OECD의 여러 나라와 비교했을 때 세입자 보호가 취약한 편이었다. 하지만 법의 긍정적인 취지와는 별개로 법을 집행한 '시점'은 아쉬움을 남긴다. 정책 담당자는 정책의 결과가 가져올 부정적 영향에 대해 매우 신중하게 고려해야 한다.

임대차 3법처럼 임대료에 제약을 가하는 정책은 필연적으로 임대료 가격을 올리게 된다. 전월세상한제만 생각해보아도 그렇다. 임대인은 계약을 갱신할 때 임대료를 5% 한도 내에서만 올릴 수 있다. 만약 임차인이 계약갱신청구를 해 최대 4년을 거주한다면, 첫 계약 2년 후 임대료를 5% 인상하더라도 집주인 입장에서는 총 4년에 걸쳐 임대료가 묶이게 된다. 따라서 자본주의 사회의 건물주 입장에서는 당연히 계약 시점의 임대료를 높일 수밖에 없다. 첫 출발점을 높여놔야 향후 4년간 높은 임대료를 받을 수 있기 때문이다.

학문적 차원에서도 구조공실률(또는 자연공실률)이라는 개념으로 설명이 가능하다. 구조공실률이란 건물주가 자신이 원하는 임대료 수준에 도달할 때까지 아예 임차인을 들이지 않는 공실의 수준을 뜻한다.[76] 우리 주변을 보면 꼬마빌딩 건물주들이 1층 공간을 비워두고 자신이 생각한 임대료를 지불할 임차인을 기다리는 경우를 흔히 접할 수 있다. 또한, 향후 경제 상황이 좋아질 거라 예상되는 경우, 현재 임대료보다 미래 임대료가 높아질 거라 여겨 일시적으로 공실로 두거나 아예 임대료 자체를 높게 책정하기도 한다.

실제로 임대차 3법 시행 이후에 서울에서 일어난 전월세 폭등은 가히 충격적인 수준이다.

2차 전세 대폭등, 패닉에 빠진 서민들

지금껏 전세가격이 폭등했던 시기는 두 번 있었다. 첫 번째는 2013년에서 2016년 사이로, 2011년 이후 서울 아파트 전세가격 평균 상승률인 7.4% 선을 상회하는 시기다. 당시는 주택 가격 하락이 심화되며 대세하락에 대한 믿음이 강했던 만큼, 많은 사람이 전세로 몰려들었었다. 따라서 이때는 아파트의 매매가격보다 전세가격 급등이 이슈

서울시 아파트 전세가격지수와 상승률(2012~2021년)

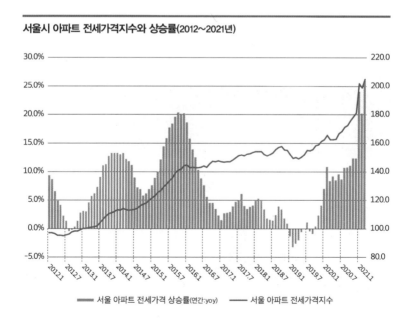

서울 아파트 전세가격 상승률(연간:yoy) ── 서울 아파트 전세가격지수

가 되었다. 2016년 뉴노멀 이후로는 아파트 가격 상승이 본격화되며 상대적으로 전세가격은 완만하게 상승했고 2020년 초반까지 안정기를 길게 이어갔다.

두 번째 전세 폭등기는 2020년 2월에 시작되었다. 같은 해 8월에는 전세가가 전년 동월 대비 10%, 2021년 1월에는 24%가 오르며 엄청나게 가파른 상승곡선을 그렸다. 2020년 7월 30일부터 시행된 임대차 3법에 대한 반응이 곧바로 시장에 나타난 것이다.

이렇게 전세가격이 오를 경우 사람들이 취할 수 있는 선택지는 다음의 4가지가 있다. ①돈을 더 보태 매매 시장으로 가는 것, ②조금 더 저렴한 전세 매물을 찾아 이주하는 것, ③거주지를 경기도 등 외곽으로 옮기는 것, ④열위 시장인 다세대나 연립으로 이주하는 것.

폭등한 전월세 가격

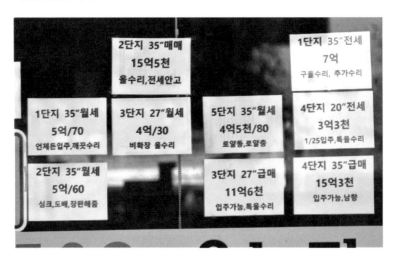

첫 번째를 선택해 전월세 시장을 떠나 매매 시장으로 찾아간 사람들은 서울에서 상대적으로 저렴한 지역인 노원구, 도봉구, 성북구의 아파트로 향했다. 이들의 영향으로 소위 '노도성(노원구, 도봉구, 성북구)' 아파트 가격이 폭등한 것이다. 그래서 **전세가격 상승은 노도성 아파트 가격 상승의 지표가 된다.** 기본적으로 노도성처럼 서민을 위한 주택이 많은 지역은 가격 폭등이나 폭락이 좀처럼 일어나지 않는다. 그런데 임대차 3법의 시행으로 예외적인 상황이 발생한 것이다.

아파트 매매 시장에서 그나마 저렴했던 지역마저 폭등하자 사람들은 두 번째 선택지인 저렴한 전세 매물을 찾아 떠났고, 이것이 또다시 전세가격을 폭등시키는 결과를 낳았다. 결국 여러 선택지들의 동시적인 발생으로 서민들은 매매 시장에서도 전세 시장에서도 갈 곳을 잃고 패닉에 빠지고 말았다.

전세냐 매매냐, 선택의 기로에 서다

일반적으로 아파트 매매가격과 전세가격(임대료)은 반대 방향으로 움직인다. 주택의 수가 정해져 있는 시장에서 사람들에게 매매와 전세는 경쟁적인 선택지이기 때문이다. 시장 참여자들은 주택을 매입할지 아니면 임차(전월세)로 살지를 선택한다. 따라서 매매 시장으로 사람들이 많이 몰리면 매매가격이 상승하고 임대료는 정체하거나 하락하게 되며, 반대로 전세가 인기 있을 땐 임대료가 상승한다.

서울시 아파트 매매가격과 전세가격 비교

──── 서울 아파트 매매가격지수　　──── 서울 아파트 전세가격지수

　2011년 1월부터 2015년 말까지의 부동산 매매 침체기에는 전세가격이 꾸준히 상승했다. 그러나 반대로 2016년부터는 서울시 아파트 매매가격이 상승하며 전세가격은 2020년 2월까지 안정기를 이루었다. 이 긴 안정기 이후, 시장에 매우 예외적인 상황이 나타났다. 매매가격과 전세가격이 동시에 상승세를 보인 것이다. 원래 매매와 전세의 가격은 반대 방향으로 움직이고 또 그 움직임에 시차가 있는 것이 보통이다. 시장에서 경쟁적 관계인 둘의 가격이 함께 상승한 것은 대체 무슨 이유일까?

　그것은 저금리로 인한 유동성 과잉이 가격 상승의 중요한 원인이 된 데다 임대차 3법의 시행으로 시장 불안이 더해진 탓이다. 임대차 3법처럼 임대료를 상승시킬 가능성이 큰 정책은 부동산 시장이 안정적인 시기, 특히 공급 물량이 많을 때 집행해야 한다. 실제로 전세가격이 상승하던 2021년 여름, 판교 등 일부 지역에서는 공급 폭탄으로 전세가격이 떨어진다는 소식이 들렸었다.[77] 또한 서울에서도 공급 물량이 많았던 2019년(국내 최대 아파트 단지인 송파 헬리오시티가 공급된 시기), 전세가격은 3분기 동안 침체 상황이었다. 임대차 3법이 그때 시행되었다면 적어도 2020년 하반기 수준의 혼돈은 피할 수 있었을지도 모른다.

현재 부동산 시장은 매매와 전세의 가격이 동시에 불안정한 모습을 띠고 있다. 따라서 부동산 투자자들은 시장에 예외적인 상황이 벌어졌음을 인지해야 하며 패닉에 빠진 채 의사결정을 해서는 안 된다.

[매부리TV] "하박이 말하는 한국 부동산의 미래"

고가 주택의 재정의

: 시장의 선행지표 '강남' :

빅데이터 분석 결과에 따르면 강남은 전체 시장과 약 1년의 시차를 보이며 움직인다. 강남이 오르면 시차를 두고 서울도 오르고, 강남이 떨어지면 서울도 시장 분위기가 하락세로 바뀔 가능성이 크다. 따라서 강남 부동산에 직접 투자하는 것이 아니더라도, 이를 시장 흐름의 전조를 주는 지표로 생각하고 발 빠른 의사결정에 활용하는 것이 좋다.

강남이 제일 빠르다

앞에서 살펴본 대로 서울시 고가 주택의 정의는 2016년을 기점으로 새로 쓰이고 있다. 서울시 전체를 놓고 봤을 때 시장이 급변한 패러다임 전환의 시작점은 2016년이다. 그런데 이 변화에 1년이나 앞서 반응한 곳이 있다. 바로 부동산 신화의 주인공 '강남'이다.

2015년 이전까지 강남의 15억 원 이상 아파트 거래 비중은 전체의 10% 내외에 불과했다. 그러나 2015년 3분기를 기점으로 이 비율이 빠르게 늘어나 2019년에는 전체 거래량의 68% 수준을 차지하게 됐다. 강남구 아파트의 3분의 2가 15억 원 이상에 거래되었다는 의미다. 그리고 이런 급격한 변화의 시작점이 2016년보다 1년이나 앞선

강남구 15억 원 이상 아파트 거래량과 거래 비중

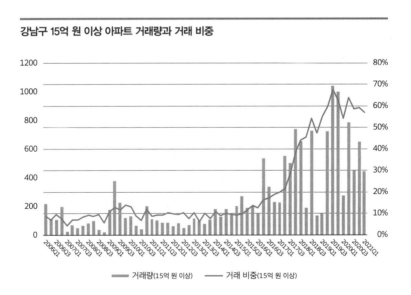

─── 거래량(15억 원 이상)　　─── 거래 비중(15억 원 이상)

2015년이라는 사실에 우리는 주목해야만 한다.

강남은 다른 지역보다 고가 아파트가 많고 부유한 사람들이 많이 살고 있다. 부자들은 유동성을 확보할 수 있는 가능성이 보통 사람들보다 커서 좋은 투자 기회를 발견했을 때 즉각 행동할 여력이 있다. 그래서 이들이 투자하는 시장은 다른 곳보다 한발 앞서 움직인다. 그리고 이 부자들이 활발히 거래하는 부동산 시장이 강남이다.

강남구 부동산 시장은 서울 안에서도 가장 빠르게 반응하며 움직인다. 그래서 강남을 서울시 전체 부동산 시장의 선행지표로 볼 수 있는 것이다. 빅데이터 분석 결과에 따르면 강남은 전체 시장과 약 1년의 시차를 보이며 움직인다. 강남이 오르면 시차를 두고 서울도 오르고, 강남이 떨어지면 서울도 시장 분위기가 하락세로 바뀔 가능성이 크다. 따라서 강남 부동산에 직접 투자하는 것이 아니더라도, 이를 시장 흐름의 전조를 주는 지표로 생각하고 발 빠른 의사결정에 활용하는 것이 좋다.

하지만 한 가지 주의할 점이 있다. 강남은 서울을 포함한 '수도권' 부동산 움직임에 대한 선행지표이지 다른 지역의 전망까지 설명하는 것은 아니라는 점이다. 우리나라는 대도시권별로 부동산 시장의 흐름이 완전히 다르다. 따라서 강남 부동산 시장의 움직임을 토대로 덜컥 다른 지역에 투자하는 우를 범하면 안 된다.

30억 원 아파트, 강남에서는 더 이상 고가 주택이 아니다

　현재 정부는 부동산 정책을 집행할 때 자산 가치를 기준으로 6억 원 이하, 6~15억 원, 15억 원 초과의 세 구간으로 나눠 법을 적용한다. 정책상 고가 주택의 기준을 15억 원으로 보는 것이다. 하지만 앞에서 살펴본 대로 15억 원을 초과하는 가격의 아파트 거래가 늘어나며 더는 15억 원을 고가 주택의 기준으로 볼 수 없게 됐다. 특히나 이미 절반 이상이 15억 원 이상으로 거래되는 강남에서는 15억 원 아파트는 고가 축에도 들어가지 못하는 평균 수준이 되어버렸다.

　그렇다면 그 두 배 가격인 30억 원 정도라면 강남에서도 고가 아파트라 평가받을 수 있을까? 2017년 이전만 해도 30억 원 이상 아파트

강남구 30억 원 이상 아파트 거래량과 거래 비중

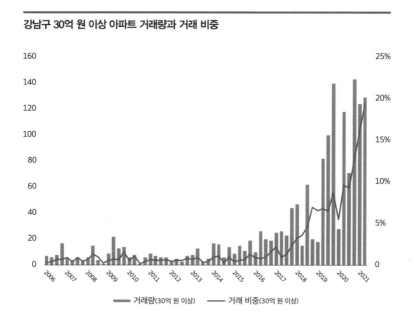

는 강남구 전체 아파트 거래량에서 1% 내외의 비중만 차지했다. 이후 이 비율은 계속해서 증가하더니 2020년 4분기에는 10%를 넘는 수준까지 늘어났다. 현재 제도적으로 15억 원 이상의 주택은 은행 대출이 매우 제한적임에도 불구하고, 보유한 현금만으로 이 정도 금액의 아파트를 살 수 있는 사람들이 10% 이상 있다는 거다. 이 놀라운 수치 역시 엄청나게 늘어난 '유동성'에 기인한다.

서울시는 15억 원 이상 아파트의 거래 비중이 10%를 훌쩍 뛰어넘으며 뉴노멀의 시작을 알렸다. 고가 주택 역시 새로운 기준이 필요하며 현실에 맞게 다양한 제도를 보완해야 한다. 강남구는 그런 변화를 더욱 부추기고 있다. 30억 원 이상 아파트의 거래 비중만 10%가 넘는 이 지역에서는 뉴노멀 이전의 시각으로 설명할 수 없는 일들이 벌어지고 있다.

서민 주택의 소멸

: 6억 원 이하 아파트의 종말 :

부동산 패러다임이 바뀐 2016년 이후로 서울시 6억 원 이하 아파트의 비중이 급격하게 줄어들었다. 2016년 말에는 73%, 2017년 56%, 2018년 65%로 줄어들다가 2019년 말에는 50% 이하로 떨어지고 2020년 말에는 29%까지 급감했다. 6억 원 이하 아파트의 멸실 속도가 지나치게 빠르다. 이제 6억 원 이하의 아파트는 서울시 아파트의 10채 중 3채밖에 안 된다.

서민 주택이 사라지고 있다

주택금융공사가 무주택 서민들을 위해 운영 중인 주택담보대출상품 '보금자리론'은 6억 원 이하의 주택을 대상으로 한다. 이를 보면 정부는 6억 원을 서민 보유 주택 가격의 기준선으로 삼는 듯하다. 그러나 15억 원 이상의 주택을 고가로 보는 현재의 기준이 적절하지 못한 것처럼, 6억 원 이하를 '서민 주택'으로 보는 기준 역시 바뀌어야 한다. 지금 시점에서 서민 주거의 기준을 6억 원으로 보는 것은 현실을 제대로 반영하지 못한 시각이다.

2016년 이전, 서울시 전체 아파트 거래 중 6억 원 이하 아파트의 비중은 80%를 상회했다. 이때는 연 소득 7,000만 원대 가구가 약 월 160만 원을 주거비용으로 지불해 2억 원의 현금 마련과 4억 원의 대출로 주택 구매가 가능했고, 그런 주택이 전체의 80%를 차지할 만큼 넉넉히 존재했다는 얘기다.

그러나 부동산 패러다임이 바뀐 2016년 이후, 6억 원 이하 아파트의 거래 비중은 급격하게 줄어들었다. 2016년 말에는 73%, 2017년 56%, 2018년 65%로 줄어들다가 2019년 말에는 50% 이하로 떨어지고 2020년 말에는 29%까지 급감했다. 6억 원 이하 아파트의 멸실(가옥이 사라짐) 속도가 지나치게 빠르다. 이제 6억 원 이하의 아파트는 서울시 아파트 10채 중 3채밖에 안 된다. 그런데 과연 이 기준을 서민 주거로 볼 수 있을까?

서울시 6억 원 이하 아파트의 거래량과 거래 비중

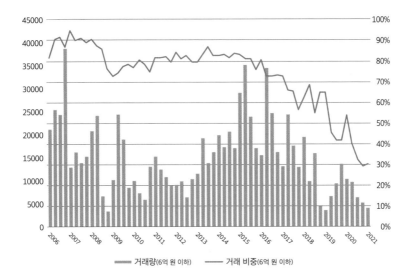

그나마 있는 물량도 서울시에 균등하게 분포하는 것이 아니다. 강남에 고가 주택이 몰려 있는 것처럼 서민들이 살만한 낮은 가격대의 아파트도 지역적으로 밀집되어 있다. 대표적으로 노원구가 그렇다. 노원구는 고가 아파트의 거래가 거의 없던 동네다. 2020년 3분기 전까지 15년간 15억 원 이상의 아파트가 거래된 역사가 없을 정도다. 그런데 최근 들어 2020년 4분기에 1건, 2021년 1분기에 7건의 15억 원 이상 아파트 거래가 등장했다.

노원구를 비롯한 도봉구, 성북구 등 서민 주택 밀집 지역은 중산층 이상이 모여 사는 강남구와는 완전히 다른, 차별적인 시장이다. 이들 지역은 시장 참여자의 성격부터 지역 내 아파트의 성격까지 많은 것이 확연히 다르다. 그런데 그 노원구에서마저도 강남과 같은 패러다임의 변화가 일어나고 있다는 점은 시사하는 바가 크다.

노도성 지역의 가격 급상승

일명 '노도성'이라 불리는 노원구, 도봉구, 성북구는 항상 서울시 아파트 매매 거래량 상위 10등 안에 드는 지역으로 상당히 많은 아파트 재고가 있다. 그중에서도 노원구는 아파트 거래량이 가장 많은 지역이며 늘 거래량 1위의 자리를 굳건히 지켜왔다. 상대적으로 가격이 낮은 노원구 아파트 시장은 서민들에게 반드시 필요한 공간을 제공하는 주택 부동산계의 큰 판이라 할 수 있다.

2016년 전까지 노원구 아파트의 99%에 달하는 비율이 6억 원 이하였다. 그렇기에 이 지역이 서민 주택의 안전판 역할을 할 수 있었던 것이다. 노원구에는 늘 적정 가격의 물량이 풍부했고 이는 2007~2008년 부동산 폭등기에도 마찬가지였다.

그랬던 이 지역마저도 2016년 이후 상황이 급격하게 변하기 시작했다. 6억 원 이하의 주택 거래량이 급감한 것이다. 노원구 전체 거래량 중 6억 원 이하 아파트의 거래 비중은 2017년 말 93.9%, 2018년 말 89%, 2019년 말에는 82%로 감소했고 2020년에는 감소세가 급격히 빨라져 2020년 2분기에는 76%까지 떨어졌다. 여기에 임대차 3법이 시행되며 같은 해 3분기에는 62%, 4분기 58%, 2021년 1분기에는

노원구 6억 원 이하 아파트의 거래량과 거래 비중

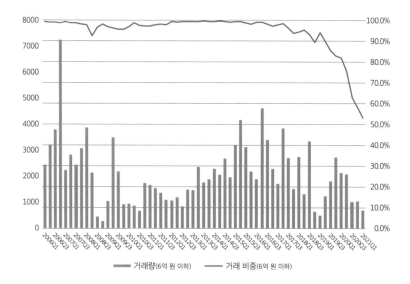

거래량(6억 원 이하) ── 거래 비중(6억 원 이하)

53%까지 계속해서 급락이 이어졌다. 현재는 50% 선도 위협받는 상황이다. 99%를 차지하던 6억 원 이하 아파트 거래량이 불과 4~5년 만에 거의 50% 수준으로 떨어졌다는 건, 변동성이 적은 노원구 시장의 특성을 고려할 때 굉장히 충격적인 지표다. 서민 아파트 집적지역인 노원구의 주택 시장에 구조적인 변화가 일어난 것이다.

서울시 전체의 부동산 가격이 급격히 오르면서 거의 모든 구의 평균 가격이 상승했다. 이런 변화는 노도성 지역에도 예외 없이 일어나 서민들이 거주할 수 있는 공간을 급격하게 소멸시켰다. 적정 주거가 사라진 것이다.

나의 적정 주거 가격은 얼마일까?

"과연 내 소득과 자산 수준에 맞는 집은 얼마일까?"

"얼마를 주거비용으로 써야 적절한 것일까?"

위의 질문에 아마 정답은 없을 것이다. 그럼에도 궁금할 사람들을 위해 여기서 '적정 주거 가격' 계산법을 하나 소개하려 한다. 저마다 자신의 상황에 적용해보길 바란다.

정부는 왜 서민들을 위한 적정 주거 기준을 6억 원으로 정했을까? 지금의 현실을 반영하고 있지는 못하지만 이 계산에는 나름의 타당한 이유가 있다. 우리나라 4인 가구 기준 중위소득은 연 약 6,000만 원이다.* 보통 주거비용은 자기 소득의 30~40%로 책정하는데 이를 생각해보면 4인 가구가 집에 쓸 수 있는 금액은 연간 약 1,800만 원(6,000만 원×30%)이다. 이 정도를 임대료나 주택 구입에 필요한 모기지 이자로 낼 수 있다는 의미다. 이들이 살 수 있는 주택의 가격을 역으로 계산하면 아래와 같다.

1,800만 원을 원리금균등상환 모기지(이자율 3%, 30년 만기 가정)에 활

---

* 2021년 통계청 자료에 의하면, 우리나라 4인 가구 월 중위소득은 487만 원으로 연 5,844만 원이다.

용할 수 있다면 해당 가구는 약 3억 5,600만 원까지 대출이 가능하다.

(이는 포털 사이트에서 간편하게 계산할 수 있다. 아래 QR코드를 활용하길 바란다.)

여기에 LTV(주택담보대출비율) 60%를 가정하면 3억 5,600만 원이 전체

매입가격의 60%가 되므로 5억 9,300만 원(3억 5,600만 원÷60%) 이하의

주택을 살 수 있다는 결론이 나온다.

　즉 연 소득이 6,000만 원인 4인 가구의 적정 주택 가격은 약 6억 원

이라는 표준값이 나오는 것이다. 이는 정책상의 판단지표이기도 하지

만 개인 차원에서도 자신의 소득에 맞는 적정 주거비용과 적정 주택 구

입 가격을 계산해볼 필요가 있다. 현재 살고 있거나 사려고 하는 집의

가격이 자신의 소득에 비해 지나치게 높거나 낮지는 않은지 스스로 점

검해보길 바란다.

원리금균등상환 계산기

폭등하는 다세대·연립주택

　서울시 서민 주거의 감소 현상이 심각함을 알려주는 또 다른 데이

터는 다세대·연립주택 가격이 급등한 것이다. 서울시의 아파트 매매

가격이 폭등하면서 적당한 가격대의 아파트를 찾던 사람들에게는 다

음과 같은 선택지가 주어졌다. ①적정 가격대의 서울시 내 전세 아파

트로 이동, ②서울시를 떠나 경기도권 아파트를 매입, ③상대적으로 가격대가 낮은 다세대·연립의 매매나 전세 시장으로 이동. 여기서 세 번째 선택지를 고른 사람들이 다세대·연립에 몰리며 가격의 급등이 일어났다.

투자재로서의 다세대·연립은 아파트에 비해 열위재다. 서울의 다세대·연립주택은 전년 동월 대비 가격 상승률이 아파트보다 높았던 적이 없다. 왜냐하면 아파트에 비해 기대할 수 있는 수익률이 낮기 때문이다. 그런데 다세대·연립은 가격의 하락 시점이 아파트와 거의 같고 하락 폭 역시 매우 비슷하다. 다세대·연립은 오를 때는 적게 오르지만 떨어질 때는 똑같이 떨어지는 불리한 자산인 것이다. 그래서 상승 변동성이 낮은 다세대·연립은 자산 가치 상승을 노리는 투자재로

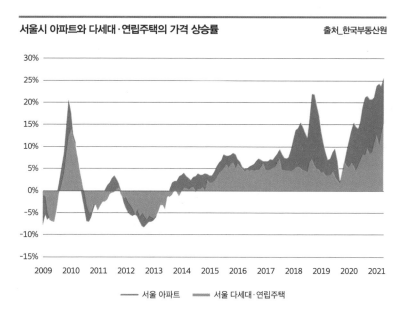

서울시 아파트와 다세대·연립주택의 가격 상승률　　　　출처_한국부동산원

범례: ── 서울 아파트　　━━ 서울 다세대·연립주택

서는 별 매력이 없다. 하지만 시각에 따라 안정적인 임대 소득을 얻는 재화가 될 수는 있다.

다세대·연립주택은 기본적으로 서민 거주 공간으로서 다른 자산보다 안정적인 성격이 크다. 임대료와 자산가치가 급등할 가능성이 작기 때문이다. 그러니 아파트와 같은 잣대로 규제를 가하는 것은 시장을 왜곡할 수 있다. 하지만 현재 그런 상황이 벌어지고 있다. 실수요자 위주로 돌아가던 다세대·연립 시장이 2020년 3분기 이후에 예외적으로 폭등하며 연간 상승률이 10%를 넘어선 것이다. 기존의 데이터와 상식으로는 이해하기 힘든 일이다.

Information ─────────────────────────────

서울시 아파트 거래량 TOP 10

───────────────────────────────

서울시 아파트 거래량에 있어 절대 변하지 않는 사실이 하나 있다. 거래량 1등은 언제나 '노원구'라는 점이다. 노원구는 2006년 이후 연도별 서울시 아파트 거래량 1위 자리를 놓친 적이 없다. 그리고 1등과 2등의 격차도 상당히 크다. 2020년에는 2등인 강서구보다 50% 이상 많은 물량이 거래되었다. 또 하나 흥미로운 요소는 2010년 이후로 강남3구 중 하나인 송파구의 거래량이 항상 강남구를 앞서고 있다는 점이다.

서울시 구별 아파트 거래량 순위

	2006		2010		2015		2020	
1	노원구	16,836	노원구	4,321	노원구	12,806	노원구	8,780
2	강서구	7,848	강남구	3,994	강서구	9,238	강서구	5,629
3	강남구	7,750	송파구	3,457	송파구	8,144	구로구	4,870
4	송파구	7,611	서초구	3,329	강남구	7,963	송파구	4,465
5	도봉구	6,957	강동구	2,935	성북구	6,789	도봉구	4,384
6	강동구	6,939	양천구	2,567	강동구	6,726	성북구	4,132
7	양천구	6,861	강서구	2,245	양천구	6,679	강동구	4,132
8	구로구	6,728	구로구	2,141	구로구	6,618	강남구	3,597
9	서초구	5,693	성북구	2,090	서초구	5,954	양천구	3,311
10	영등포구	5,360	도봉구	1,973	영등포구	5,799	영등포구	3,301

강남3구(강남구, 서초구, 송파구)와 노도성의 아파트 거래량을 비교하면, 당연히 노도성이 앞선다. 거래량만 생각한다면 노도성 시장의 규모와 노원구의 지위가 타 지역을 압도한다. 신문 등 미디어에서도 강남 위주의 뉴스보다는 많은 거래가 이루어지는 지역을 관심 있게 다루는 게 상식에 부합할 것이다. 강남구의 고가 아파트 가격 변화가 시장의 흐름을 알려줄 수는 있어도, 대다수의 적정 가격대 아파트 수요자들이 바라는 시장의 현황을 알려주지는 않기 때문이다.

[중앙일보] "부동산 전문가 김경민 서울대 교수가 집 없는 사람들에게 당부하는 말"

경기도 아파트의 신고가 행진

: 서울 아파트 상승의 후폭풍 :

서울의 아파트 가격이 상승하면, 그 영향으로 경기도권 인접 시의 아파트 가격은 시차를 두고 함께 상승하지만, 가격 폭은 서울의 상승률에 못 미치는 경우가 대부분이다. 그리고 가격이 내려갈 때는 서울과 경기도가 같이 하락한다.

서울시 노원구에서 아내, 두 아이와 함께 30평대 아파트에서 전세 생활을 하던 회사원 K씨(42세). 최근 1년 새 무섭게 치솟고 있는 전세비가 부담돼 경기도 신도시로의 이사를 고민 중이다. 그런데 잠시 고민하는 사이 이사를 염두에 두었던 경기도 집값도 급등하고 있다는 소식을 접하게 되었다. 이대로 서울을 벗어나면 영영 돌아오지 못할 것 같다는 생각과 더 늦추다가는 자칫 경기도 신도시로의 이주도 힘들어질 거라는 생각에 매일 스트레스에 시달리는 중이다. 과연 폭등 중인 경기도의 집값은 계속 상승할까, 아니면 곧 조정기로 접어들게 될까?

경기도로 밀려나는 사람들

최근 서울의 주택 부동산 가격이 폭등하며 경기도를 비롯한 수도권 시장에도 큰 변화가 일고 있다. 집값 상승, 대출 규제, 수입 감소 등 다양한 요인을 견딜 수 없게 된 사람들이 속속 서울 밖으로의 이주를 선택했기 때문이다. 서울을 5개의 권역(도심, 동남, 동북, 서남, 서북)으로 나눈 후 각각의 권역에서 경기도 어느 지역으로의 이주가 많았는지, 가격에는 어떤 변화가 생겼는지 살펴보자.

먼저 동남권(강남구, 서초구, 송파구, 강동구)에서는 경기도 하남시, 성남시, 용인시로 3년간 6.6만 가구가 이주했다. 서남권(관악구, 강서구, 영등포구, 양천구, 구로구, 동작구, 금천구)에서는 부천시, 김포시, 고양시로 7만 가구가, 동북권(노원구, 도봉구, 성북구, 강북구, 중랑구, 동대문구, 광진구, 성동구)에서는 남양주, 의정부, 고양시로 6.7만 가구가 이주했다. 서북

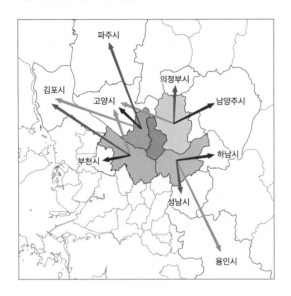

권(은평구, 마포구, 서대문구)에서는 고양시로 나간 경우가 압도적으로 많았으며 파주와 김포가 그 뒤를 이었다. 이를 종합해보면 결국 사람들은 자신이 거주하던 권역에서 되도록 지리적으로 인접한 지역으로 이동하는 경향을 보인다는 것을 알 수 있다.

서울시에서 빠져나간 가구들을 흡수한 경기도 신도시의 아파트 가격 상승률을 보면 해당 도시로의 전입세대 수와 비례 관계가 나타났다. 이는 전입 가구가 많은 도시일수록 아파트 수요가 늘어나 가격 상승률이 높아진 것이니 당연한 결과라 하겠다. 최근 3년간 경기도 아파트의 누적 연평균 상승률을 분석하면, 주로 동남권에서 이동한 성남시(73%), 하남시(67%), 용인시(63%)의 가격 상승률이 특히 높았다.

경기도 신도시 아파트 가격 상승률과 서울로부터의 전입세대 수

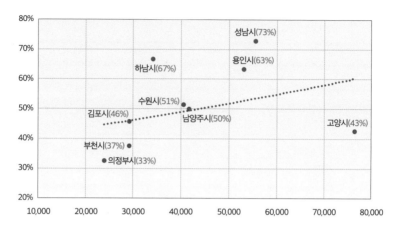

이 지역들은 서울에서 가깝고 강남으로의 접근성이 좋다는 공통점이 있기 때문이다.

서울의 주택 가격 폭등은 자연히 경기도에도 지리적으로 가까운 곳부터 시차를 두고 그 여파가 전달됐다. 상대적으로 서울에서 멀어질수록 가격 연동의 시차는 벌어지고 영향력은 축소된다. 예를 들어 강남구와 성남시, 용인시의 가격 패턴을 보면, 강남구가 먼저 상승한 후, 성남시는 1년 정도의 시차, 그보다 먼 용인시는 대략 3~4년의 시차를 두고 가격이 상승했다.

서울의 권역별 대표 구와 경기도 인접 시의 경우도 마찬가지다. 동북권의 노원구와 인접한 의정부시와 남양주시는 노원구의 상승 1년 후인 2019년이 되자 본격적으로 가격이 상승하기 시작했다. 서남권의 양천구와 인접한 김포시, 그리고 서북권의 마포구와 고양시에서도 이 경향은 동일하게 나타난다.

강남구와 성남시, 용인시 아파트 가격 추이

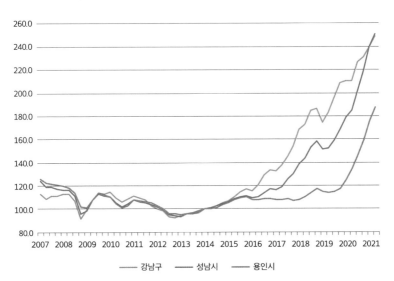

노원구와 의정부시, 남양주시 아파트 가격 추이

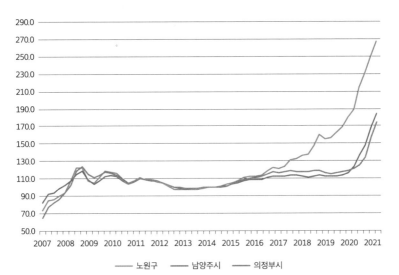

양천구와 김포시 아파트 가격 추이

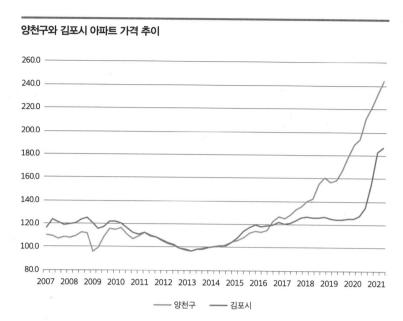

양천구 —— 김포시

마포구와 고양시 아파트 가격 추이

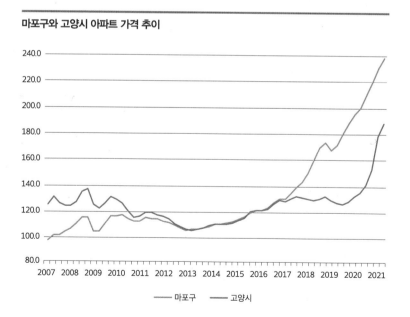

마포구 —— 고양시

경기도 신도시의 3가지 가격 트렌드

종합해 볼 때 서울의 권역별 대표 구와 인접 시 사이에 나타나는 트렌드는 3가지다. 첫째, 서울의 대표 구 아파트 가격이 상승하면 시차를 두고 인접 시의 가격 또한 오르기 시작한다. 둘째, 서울 대표 구의 상승 폭만큼 인접 시의 가격 상승은 일어나기 힘들다. 예를 들어, 일정 기간에 서울 대표 구의 가격이 100% 상승했을 경우 인접 시의 가격이 똑같이 100% 수준만큼 상승하지는 않는다는 것이다. 셋째, 아파트 가격이 하락할 경우 그 시점은 서울 대표 구와 경기도의 인접 시가 거의 동일하게 나타난다.

즉 서울 대표 구의 아파트 가격이 상승하면, 그 영향으로 경기도권 인접 시의 아파트 가격은 시차를 두고 함께 상승하지만, 가격 폭은 서울의 상승률에 못 미치는 경우가 대부분이라는 의미다. 게다가 가격이 내려갈 때는 서울과 경기도가 같이 하락한다.

경기도권 신도시는 서울의 아파트에 비해 신축 물량이 많고, 쾌적한 환경을 보유한 경우가 많지만 투자수익률에서는 불리하다는 단점이 있다는 걸 놓쳐서는 안 된다.

강남의 대체재, 분당은 다르다

다만 분당구가 속한 성남시만큼은 다른 인접 시와는 다소 다른 결과가 나타났다. 성남시 역시 가격이 크게 상승한 서울 강남구와의 상승 시차가 있었다. 하지만 2016~2021년 기간 성남시의 상승 폭은 강남구와 유사한 수준을 보였다. 성남시는 경기도 신도시 중에서도 최근 3년간 누적 가격 상승률이 가장 높았던 지역이다. 즉, 성남시 아파트의 경우 다른 경기도 신도시와 시차 면에서는 동일했지만, 가격 상승 폭은 훨씬 컸던 것이다. 성남시, 특히 그중에서도 분당구는 강남구와 대체재 관계에 있다. 따라서 차후 강남구 아파트 가격이 빠르게 상승하는 일이 또 발생한다면, 다른 신도시에 비해 성남시 분당구는 투자 매력도가 뛰어난 시장이 될 것이다.

지방 부동산의 미래

: 줄어드는 인구와 늘어나는 공급 :

세종을 제외한 모든 지방 대도시의 인구가 줄어들 것으로 예상되는데 공급은 오히려 늘어나는 상황이다. 따라서 일부 지방 광역시에서는 수요 대비 공급 충격이 나타나 가격이 정체되거나 하락할 가능성이 있다.

따로 노는 서울과 지방 부동산

지금까지 계속 수도권 부동산 시장에 대한 이야기를 했는데, 여기서는 지방 부동산에 대해 다루려 한다. 서울 아파트 가격이 폭등하며 지방에 미친 영향은 어떤 것이 있는지, 지방 도시들의 부동산 가격은 서울과 어떤 상관관계로 움직이는지를 살펴보자.

서울과 지방 도시의 부동산은 기본적으로 상호 연관 없이 독자적인 경제 흐름을 가진다. 이를 경제용어로는 '디커플링decoupling'이라 부른다. 수도권 시장과 비수도권 시장의 부동산 가격 패턴은 이 디커플링 현상에 의해 확연히 다르게 나타난다.

서울과 7대 특·광역시(광주, 대구, 대전, 부산, 세종, 울산, 인천)의 아파트 가격 추이를 보면, 서울과 유사한 패턴을 보이는 곳은 인천 한 곳뿐이다. 인천은 수도권 시장에 속하기 때문이다. 다른 지역들은 각자 지리적으로 인접한 곳의 가격과 비슷한 패턴으로 움직인다.

그렇다면 서울과 지방의 부동산 가격은 왜 이렇게 다른 형태를 띠는 걸까? 부동산 시장에 영향을 미치는 요인은 여러 차원이 있는데 작게는 동네 차원(학군, 지하철 개통 등)부터, 중간 단계인 도시 차원(지역 산업 등), 그보다 커다란 국가 차원(IMF 위기 같은 국가 단위 충격) 등으로 이루어져 있다. 도시 차원과 동네 차원 등 중소 규모의 영향으로 인해 권역별로 특색 있는 부동산 시장이 형성된다. 이런 중소 규모의 영향이 만든 차이가 부동산 가격에 영향을 미친다는 점을 절대 간과해서는 안 된다.

전국 대도시 아파트 가격 추이(2006~2013년)

범례: ── 서울　── 인천　── 광주　── 대구　── 대전　── 부산　── 울산

　　국가 단위의 충격에도 수도권인 서울, 인천과 지방의 도시는 다른 반응을 보인다. 예를 들어 2008년의 글로벌 위기는 수도권 부동산 시장에 엄청난 타격을 준 데 비해 지방의 다른 도시들에는 그 영향이 미미했다. 또한 보금자리주택 같은 정책적 영향도 지역에 따라 다른 결과를 낳았는데, 정책 시행 이후 서울은 부동산 시장이 하락세에 접어든 반면 다른 곳은 오히려 상승하기도 했다. 부동산 정책을 중앙정부 차원에서 일률적으로 진행하는 것에 대한 한계가 드러나는 지점이기도 하다.

　　전국 대도시의 아파트 가격 추이를 보면 지역적으로 인접한 서울

전국 대도시 아파트 가격 추이(2006~2021년)

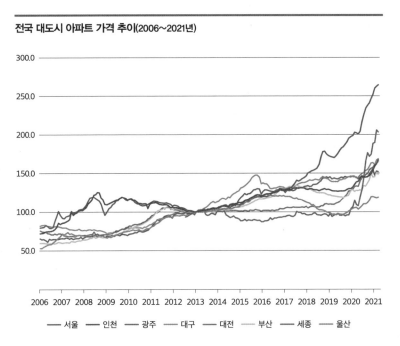

과 인천, 대전과 세종, 부산과 울산이 비슷한 패턴을 보인다. 그리고 광주와 대구는 지역적으로 별개의 시장임에도 흐름 자체는 유사하게 움직인다. 2016년 이후 서울의 부동산 폭등이 시작되었을 때도 그나마 가격이 상승 기조를 탄 곳은 광주와 대구뿐이었다. 울산과 부산은 지역 산업(울산의 조선업)의 타격으로 가격이 하락하고 있었고, 대전과 세종은 2019년 전까지는 정체 상황이었다. 따라서 서울과 다른 대도시들 사이에는 독자적 가격 흐름을 가정하는 것이 옳을 것이다.

그런데 최근 들어 이 공식에도 변화가 일어나고 있다. 서울과 지방 도시는 기본적으로 독자적 흐름을 갖지만, 2019년 이후에는 둘 사이에 유사한 움직임이 나타난 것이다. 전국의 모든 대도시에서 가격 상승 패턴이 나타났다. 경제용어로는 약한 수준의 '커플링coupling'이 일어났다고 할 수 있다. 가격 상승률이 높았던 곳은 세종, 서울, 대전, 인천, 부산, 울산, 대구, 광주 순이었는데 세종시의 폭등은 가히 충격적인 수준이었다. 이렇게 전국적으로 아파트 가격의 폭등이 일어난 가장 큰 원인은 저금리로 인해 늘어난 유동성이다.

수요 없는 공급, 지방 도시의 시한폭탄

최근 지방 부동산 시장의 분위기가 바뀐 것은 맞지만, 그렇다고 앞으로도 모든 도시에서 폭등이 지속될 것이라 생각하거나 서울과 지방의 부동산 가격이 유사한 형태를 띨 것이라 쉽게 가정해서는 안 된다. 그런 생각은 매우 위험하다. 서울을 제외한 다른 대도시는 수요가 충분하지 않기 때문이다. 서울은 늘 경기권에서 서울로 진입하고 싶어 하는 대기수요가 많은 반면, 지방은 그렇지 않다.

우리는 부동산 가격을 예측함에 있어 늘 수요와 공급에 대해 생각해봐야 한다. 이 수요 대비 공급을 짐작하는 데 도움을 주는 지표 중 하나가 '인구증감률'이다. 부동산 시장의 움직임은 수요 측면(세대 수와 소득 수준 등), 공급 측면(입주 예정 물량 등), 지역 및 국가 경제변수(지역 일자리와 산업, 국가 GDP, 이자율, 인플레이션 등) 등 다양한 부분을 통해 살펴봐야 한다. 그중에서도 인구증감률은 투자 위험도를 판단하는 데에 중요한 정보를 제공한다.

2010년부터 2020년까지 지난 10년간 서울시의 인구는 감소해왔고 향후 5년도 감소가 예상된다. 또한 같은 수도권 시장인 경기도와 인천은 전국 대도시 중 유일하게 인구 상승이 예상된다. 서울의 인구가 적어지면 그만큼 서울 부동산 수요가 줄어들까? 따라서 부동산 가격이 떨어질 거라 짐작할 수 있는 걸까?

대한민국 부동산에서 서울이라는 도시는 특별하다. 서울 자체는 인구가 정체되더라도 늘 서울로 들어오고 싶어 하는 대기수요가 있다. 경기도에서 서울로 출퇴근하는 직장인처럼 언제든 서울로 들어오고 싶어 하는 사람들이 있는 한 서울 부동산 가격이 급격히 떨어질 위험은 적다.

하지만 지방은 사정이 다르다. 지방 광역시는 모두 향후 5년간 인구 감소가 예상된다. 부산, 대구, 광주, 대전은 지난 10년 동안에도 인

전국 대도시 누적 인구증감률

	2010~2020 누적 인구증감률	2020~2025 누적 인구증감률(예상)
서울	-5%	-3%
경기	15%	4%
부산	-4%	-4%
대구	-2%	-3%
인천	8%	1%
광주	0%	-2%
대전	-1%	-3%
울산	4%	-2%

구가 줄었으며, 2010년에 비해 2020년 인구가 4% 증가한 울산도 2015년 대비 인구는 줄었다. 지난 10년간 매년 인구가 증가한 특·광역시는 세종시가 유일하다. 세종시의 인구는 2020년 34만 8,000명에서 2025년 42만 명까지 약 22% 늘어날 것으로 예상된다.[78] 결국 세종을 제외한 거의 대부분의 지방 대도시에서 인구감소 패턴이 지속되고 있는 것이다. 이렇게 인구가 감소해 수요가 없는 시장에 공급이 늘어나면 그 시장은 굉장히 위험해질 수밖에 없다.

세종시를 제외한 지방 광역시의 주택 수요를 보수적인 견지에서 현재와 비슷하다고 가정하고, 미래의 '공급량'을 살펴보자. 물론 수요에 비해 공급이 많다면 투자에 매우 신중해야 한다.

일부 광역시의 입주 물량이 상당하다. 2022년과 2023년 아파트 입주 물량 예상치는 대략 대구 연평균 27,000채, 인천 37,000채, 대전 6,000채 등으로, 과거 10년 혹은 3년과 비교해 평균 이상의 공급이 예상된다. 부산과 광주의 경우도 2022년에 상당한 물량이 공급될 예정

전국 대도시 아파트 입주 물량

	서울	부산	대구	인천	광주	대전	울산	세종
과거 10년 평균	33,344	21,405	13,828	17,209	9,349	6,698	7,446	9,656
과거 3년 평균	45,371	26,590	13,576	19,514	11,149	5,749	8,522	10,368
2022년 (예상치)	20,463	26,305	20,424	37,031	13,789	9,149	3,648	3,257
2023년 (예상치)	21,502	23,663	34,008	38,441	3,359	3,282	8,687	458

이다. 부산시는 역대 두 번째로 큰 규모로 약 26,000채, 광주는 역대 최대 물량인 약 13,000채가 공급된다. 세종을 제외한 모든 지방 대도시의 인구가 줄어들 것으로 예상되는데 공급은 오히려 늘어나는 상황이다. 따라서 일부 지방 광역시에서는 수요 대비 공급 충격이 나타나 가격이 정체되거나 하락할 가능성이 있다.

신축 vs 구축 아파트

: 새 집에 대한 뜨거운 열망 :

사람들의 소득과 생활에 대한 기대 수준이 오른 데 비해 이들이 선호하는 신축 아파트는 상대적으로 희소해진 것이다. 선호도와 희소성이 모두 증가했으니 해당 재화인 신축 아파트의 가격이 크게 오르는 것은 당연하다.

신축의 인기는 고공행진 중

2010년대 이후 눈에 띄는 트렌드 중 하나는 신축 아파트에 대한 수요가 압도적으로 증가한 것이다. 부동산 업계에서는 보통 5년 이내에 지어진 아파트를 신축으로 본다. 많은 사람들이 신축 아파트를 더 선호하게 되면, 신축 매물의 가격이 오르는 것은 당연하다. 또한 신축과 구축 아파트 사이 가격 차이도 커질 수밖에 없다.

2011년을 기준으로 볼 때 5년 내(2006~2011년)에 건설된 서울시 신축 아파트의 평균 평당가는 2,161만 원이었다. 구축 아파트 평당가인 1,885만 원보다 약 15% 비싼 가격이다. 이는 신축 아파트 프리미엄이

서울시 신축 아파트 프리미엄 추이

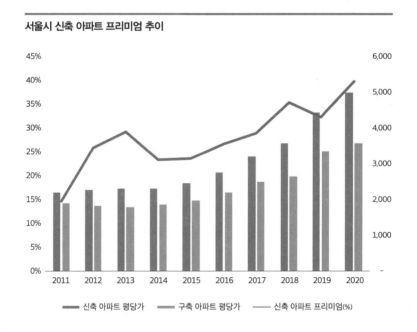

신축 아파트 평당가 ■ 구축 아파트 평당가 — 신축 아파트 프리미엄(%)

15%임을 의미한다. 신축의 인기는 빠르게 상승해 2010년대 중반에는 프리미엄이 약 25%로 치솟았고, 2018년 이후에는 30% 이상으로 상승했다. 2020년에는 5년 내(2015~2020년)에 건설된 아파트 평당가가 4,932만 원이었는데 이는 구축의 3,539만 원에 비해 39%가량 높은 가격이었다. 신축 아파트에 대한 선호가 증가했음이 데이터를 통해 뚜렷하게 나타난다.

이렇게 신축 아파트 프리미엄이 상승하는 상황은 신축 아파트의 희소성과도 맞물려 있다. 서울시 전체 거래량에서 신축이 차지하는 비중은 크게 줄어들고 있다. 2011년에는 17%였던 거래 비중이 2020년에는 9%에 불과한 수준까지 감소했다. 사람들의 소득과 생활에 대한 기대 수준이 오른 데 비해 이들이 선호하는 신축 아파트는 상대적으로 희소해진 것이다. 선호도와 희소성이 모두 증가했으니 해당 재화인 신축 아파트의 가격이 크게 오르는 것은 당연하다.

구축이라도 좋으니 강남에 살고 싶다

신축 아파트 프리미엄의 존재는 강남3구에서도 뚜렷하게 확인된다. 다만 강남3구의 신축 아파트 프리미엄은 서울 전체에 비해서는 낮은 수준이다. 이는 강남3구 자체의 선호도가 높기 때문이다. 다른 지역의 신축 아파트와 강남3구의 구축 아파트를 비교할 때, 강남3구의 구축 아파트를 선택하는 사람들이 많다. 새 아파트보다 지역에 대

강남3구 신축 아파트 프리미엄 추이

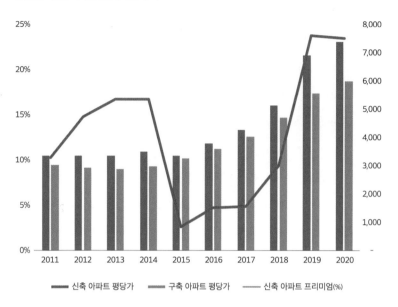

신축 아파트 평당가　　구축 아파트 평당가　　신축 아파트 프리미엄(%)

한 이점을 더 중요하게 생각하는 것이다. 예를 들면 학군 등의 이유로 낡은 아파트에도 수요가 몰릴 수 있고, 재건축에 대한 기대감으로 전략적으로 오래된 단지에 입주하기도 한다.

　강남3구 신축 아파트 프리미엄은 2010년대 초반까지는 10~17% 선을 유지하다 중반에는 그 수치가 매우 작아졌었다. 그러나 2019년 이후 프리미엄이 다시 24%로 벌어졌는데, 이는 강남권 재건축이 지연되면서 신축에 대한 선호가 커진 탓도 있다.

신축 프리미엄이 치솟는 이유

신축 아파트 프리미엄이 높아지면 자연히 구축 아파트 가격에도 영향이 간다. 신축 아파트는 시장의 전반적인 가격 상승의 요인이 되어 구축 아파트의 가격도 오르게 한다. 프리미엄이 높아져 신축 아파트를 매입하지 못하게 된 사람들이 구축 시장으로 옮겨감으로써 구축 아파트의 가격도 높아지기 때문이다. 결국 가격 안정화를 위해서는 적정한 수준의 공급이 필요할 수밖에 없다.

2019년과 2020년에는 서울시 아파트 가격이 폭등했을 뿐만 아니라 신축 프리미엄도 상당히 커졌다. 그러나 이는 단순히 부족한 공급의 영향만은 아니었다. 당시 서울시의 공급량은 결코 적은 수준이 아니었기 때문이다. 공급량이 받쳐줬는데도 신축 프리미엄이 증가했던 이유는 신축 물건의 희소성과 저금리로 인한 유동성 증가에 있다. 공급 물량이 적지 않았는데도 그중 신축의 비중이 너무 작았던 탓이다.

2019년과 2020년,
과연 서울시 아파트 공급 부족했나?

많은 사람들이 2019년과 2020년, 무서운 수준의 아파트 가격 폭등을 경험하며 두 해의 공급 물량이 부족했을 것이라 섣불리 짐작한다. 그러나 2019년과 2020년의 공급은 절대로 부족했다고 볼 수 없다. 신규 아파트 공급과 신축 아파트 물량 모두 과거에 비춰 보았을 때 나쁜 수준이 아니었다. 여기서 '신규' 아파트란 해당 연도에 공급된 아파트 호수 총합을 의미하며, '신축' 아파트는 해당 연도 기준 5년 내에 지은 아파트 호수 총합을 뜻한다.

서울시 신규 아파트 물량

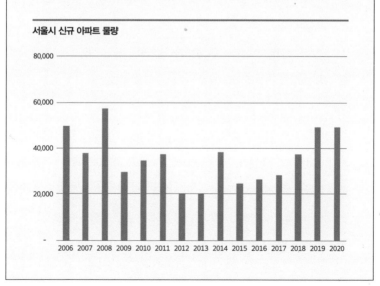

서울시 신축 아파트 물량

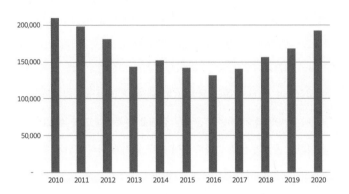

2006년부터 2020년까지의 연평균 신규 아파트 공급량은 3만 6,000채였으며, 공급량이 상당했던 2006년부터 2010년 사이는 평균 4만 2,000채였다. 그런데 2019년과 2020년 공급량은 각각 무려 4만 9,000채 이상이었다. 2019년과 2020년의 가격 폭등의 원인으로 '공급량 부족'을 드는 주장이 과도하다는 것을 바로 알 수 있다.

분석을 신축 아파트 물량 기준으로 하더라도 과거 10년 평균이 약 16만 4,000채인 데 비해, 2019년은 16만 7,000채, 2020년 19만 1,000채의 공급이 있었다. 2020년 신축 아파트는 2010년 이후 세 번째로 많은 물량이 나오기도 했다. 즉 2019년과 2020년 공급 물량은 관점에 따라 충분했다고도 볼 수 있다.

근래의 서울 아파트 폭등은 물량의 측면보다는 저금리로 인한 유동
성과 섣부른 임대차 3법 도입으로 인한 정책 실패가 더 결정적이었다.
부동산 시장 내부보다 외부 이슈인 금융과 경제, 정책의 영역에서 연유
한 결과인 것이다.

한강 밴드의 무서운 잠재력

: 럭셔리의 중심지는 어디로 이동할까? :

대한민국에서 실제로 초고가 주택들이 활발히 거래되고 있는 동네는 어디이며, 앞으로 어떤 동네가 럭셔리 주택 시장을 이끌게 될까? 빅데이터 분석 결과에 따르면 현재 대한민국의 초고가 럭셔리 아파트 시장은 강남구, 서초구, 용산구, 성동구가 주도하고 있는 상황이다.

초고가 아파트는 어디에 있을까?

우리나라에서 부자들이 가장 많이 사는 동네는 어디일까? 아마 질
문을 받은 이들은 대부분 '강남'이라고 어렵지 않게 대답할 것이다.
그러나 조금 더 구체적으로 어느 동의 어느 단지인지를 묻거나, 2등
동네를 물었을 때 대답할 수 있는 사람은 의외로 많지 않을 것이다.
그렇다면 대한민국에서 실제로 초고가 주택들이 활발히 거래되고 있
는 동네는 어디이며, 앞으로 어떤 동네가 럭셔리 주택 시장을 이끌게
될까?

고가 주택 시장의 트렌드를 읽기 위해 2019년과 2020년, 서울시에
서 30억 원 이상 아파트가 가장 많이 거래된 지역을 살펴보았다. 우선
구별로 데이터 분석을 시행하고 더 구체적인 동네를 알아보기 위해

럭셔리 아파트 시장이 형성된 한강 밴드

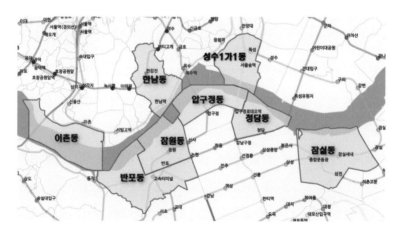

30억 원 이상 아파트 거래량 순위(구별)

2019		2020	
강남구	340	강남구	360
서초구	209	서초구	265
용산구	117	용산구	64
성동구	23	성동구	37
송파구	7	송파구	17
영등포구	3	영등포구	2
마포구	1	중구	1

동별 분석을 추가로 진행했다.

빅데이터를 전수 분석한 결과, 30억 원 이상의 가격으로 거래된 아파트가 가장 많은 곳은 역시 '강남구'였다. 서울시 전체에서 30억 원 이상 아파트의 거래량은 2019년 700채, 2020년 746채였는데 두 해 모두 강남구가 전체의 절반가량을 차지했다. 압도적 1등인 강남구의 뒤를 잇는 지역은 '서초구'다. 서초구의 거래량은 2019년 209채에서 2020년 265채로 눈에 띄는 상승을 보여줬다. 이는 서초구에 위치한 한강변 아파트가의 가격이 오름으로써 30억 원 이상 아파트의 대열에 합류한 곳이 많은 탓이다. 또 하나 눈여겨볼 점은 3위를 차지한 구가 강남3구(강남구, 서초구, 송파구) 중 하나인 송파구가 아니라 '용산구'라는 것이다. 송파구는 두 해 모두 5위에 그쳤고 거래량도 2019년 7채, 2020년 17채에 불과했다.

많은 사람들의 예상과는 달리, 송파구에는 초고가 럭셔리 아파트가 생각보다 적다. 잠실에 있는 롯데 시그니엘 같은 곳이 상징적으로 존재해 럭셔리한 이미지를 만들었을 뿐이다. 잠실에서 대규모로 재개발

된 아파트들 역시 평균 대비 고가이긴 하지만 초고가 시장으로 분류
될 수준은 아니다. 오히려 초고가 아파트의 수는 용산구와 성동구가
더 많다. 현재 대한민국의 초고가 럭셔리 아파트 시장은 강남구, 서초
구, 용산구, 성동구가 주도하는 상황이다.

한강변과 대치동, 럭셔리 아파트의 두 축

동 단위로 더 세밀하게 데이터를 분석해보면 30억 원 이상 아파트
거래량은 서초구 반포동이 1위, 강남구 압구정동이 2위를 차지했다.

30억 원 이상 아파트 거래량 순위(동별)

2019		2020	
서초구 반포동	179	서초구 반포동	209
강남구 압구정동	137	강남구 압구정동	148
용산구 한남동	96	강남구 대치동	83
강남구 대치동	95	강남구 도곡동	72
강남구 도곡동	42	성동구 성수1가1동	37
강남구 삼성동	28	용산구 한남동	36
강남구 청담동	27	서초구 잠원동	33
성동구 성수1가1동	23	용산구 이촌동	18
서초구 잠원동	22	송파구 잠실동	17
용산구 이촌동	16	강남구 청담동	15
강남구 개포동	7	서초구 서초동	15
송파구 잠실동	7	강남구 삼성동	14
서초구 서초동	6	강남구 개포동	13

그 외에도 표에 나와 있는 동들을 보면 공간적으로 분포가 집중된 패턴이 나타난다. 여기서는 특히 2가지 트렌드를 읽을 수 있다.

첫째, 고급 아파트는 한강변을 따라 존재하며, 밴드는 좌우로 확장될 가능성이 크다.

한강변을 따라 형성된 고급 아파트 라인은 강을 중심으로 남쪽에는 반포동(동작대교~영동대교), 잠원동, 압구정동, 청담동이, 북쪽에는 이촌동, 한남동, 성수1가1동이 있다. 2020년에는 영역이 오른쪽으로 확장돼 잠실동이 추가됐다. 이 지역들이 꼭 한강 주변에 있어서 럭셔리 아파트 밴드를 형성한다고 단정할 수는 없다. 하지만 이 지역들은 강을 끼고 서울에서 지리적으로 매우 뛰어난 접근성을 갖고 있다. 예

를 들어 한강변에 있는 강남구 압구정동은 강남, 여의도, 왕십리, 성
수, 종로 등 서울 어느 지역으로도 30분 내 이동이 가능하다.

둘째, 강남 오피스 타운과 학원가 주변이 럭셔리 타운이 되고 있다.
강남의 오피스 타운과 학원가 주변에 해당하는 지역은 강남구 대
치동, 도곡동, 삼성동이다. 지금은 이 영역이 개포동까지 확장되고 있
다. '대치동 학군'이라는 용어에서 알 수 있듯이 대치동과 도곡동, 삼
성동 일대는 우리나라에서 가장 유명한 학원가가 있는 지역이다. 그
리고 고등학교 학군을 볼 때 휘문고, 중동고, 단국고, 중대부고, 경기
여고, 진선여고, 숙명여고 등 선호도가 높은 고등학교들이 모여 있다.
학군과 생활권을 고려했을 때, 대치동을 중심으로 개포동과 역삼동은

같은 권역으로 볼 수 있다. 개포동은 재개발이 마무리되고 신축 아파트들이 들어서며 새롭게 럭셔리 타운화되고 있다. 이 지역은 앞으로도 초고가 아파트 거래가 지속적으로 발생할 가능성이 높다.

럭셔리 아파트 시장을 단지 단위로 더 정밀하게 분석해보면 일부 단지의 고가화가 상당하다는 것을 알 수 있다. 특히 고가 주택 거래량이 가장 많은 서초구 반포동 소재 아파트 단지들이 그렇다. 반포자이(51채), 아크로리버파크(50채), 래미안퍼스티지(44채), 반포주공1단지(44채)가 상위 4개 단지를 차지했다. 그리고 그 뒤를 한남동의 한남더힐, 대치·도곡동의 동부센트레빌, 도곡렉슬이 이었다.

그 외에 곧 재건축이 진행될 것으로 기대되는 압구정동 (구)현대아파트와 (신)현대아파트가 고가로 거래되었다. 압구정 현대아파트는 1976년도에 분양된 구축임에도 불구하고 30억 원 이상의 고가로 거래되는 대표적인 럭셔리 주택이다. 이 아파트는 재건축에 대한 기대감이 커지면서 신고가 거래가 줄지어 나오고 있다. 이곳은 신축으로 거듭날 때 큰 폭의 가격 상승이 다시 한 번 이어질 것으로 예측된다.

2022 대선과 지방선거

: 어떤 부동산 정책으로 유권자를 유혹할 것인가? :

정책 이슈로는 2022년 3월로 예정된 대통령선거와 6월의 지방선거가 있다. 두 선거로 인해 유권자를 자극할 수 있는 '개발' 관련(재건축, 재개발) 공약이 나올 가능성이 있다. 그리고 선거와 관련해서 재건축과 재개발은 다른 양상으로 전개될 가능성이 크다.

재개발이 될 거라는 믿음에 40년 된 노후 아파트에서 꿋꿋이 버텨온 60대 K씨. 연금으로 감당하기엔 적지 않은 세금을 감수해야 하지만, 오랜 직장생활 끝에 마련한 내 집을 팔아야 하나 고민 중이다. 그러나 재개발만 되면 큰 수익이 생겨 노후를 보장받을 수 있다는 생각에 집을 포기하기가 어렵다. 그가 유일하게 의지하는 건 대선에서 정권이 바뀌어 막혀 있던 재개발도 허용되고, 한없이 치솟은 부동산 관련 세금이 조정될 거라는 기대감이다. 하지만 선거 결과는 그가 원하는 대로 되지 않을 수도 있고, 설사 정권이 바뀐다 해도 쉽게 재개발이 진행되거나 세금이 낮아진다는 보장은 없다. 정말 사람들이 말하는 것처럼 선거가 끝나면 정책도, 세금도 큰 변화가 이뤄질 수 있을까?

2022년 부동산 시장에 영향을 줄 요인은 크게 정책 이슈와 경제·금융 이슈로 나뉜다. 정책 이슈로는 2022년 3월로 예정된 대통령선거와 6월의 지방선거가 있다. 두 선거로 인해 유권자를 자극할 수 있는 '개발' 관련(재건축, 재개발) 공약이 나올 가능성이 있다. 경제·금융 쪽에서 가장 주목해야 할 것은 인플레이션과 금리의 향방인데, 이에 대해서는 Part 3에서 가격 시나리오 분석과 함께 자세히 설명하겠다.

재건축 vs 재개발

선거와 관련해서 재건축과 재개발은 다른 양상으로 전개될 가능성이 크다. 그러나 선거에 대해 말하기 전에 우선 재건축과 재개발의 개념과 차이를 먼저 짚고 넘어가겠다. '재건축'이란 정비기반시설은 양호하지만 불량노후건축물이 있는 공동주택의 주거환경을 개선하기 위해 이루어지는 사업을 뜻한다. 다른 시설은 그대로 두고 아파트나 연립주택지구를 철거하고 다시 짓는 것이 이에 해당한다. 반면 '재개발'은 정비기반시설도 열악하고 불량노후건축물이 밀집한 지역에서 주거환경 및 도시환경을 전반적으로 개선하기 위한 사업이다. 서울 강북 지역의 다세대·연립주택 등을 대규모 철거하고 아파트 단지로 만드는 것이 이에 해당한다. 재건축은 공사기간이 짧고 수익률이 높다는 장점이 있지만 재개발과 달리 안전진단이 필요하고 규제가 많다는 특징이 있다.

서울시 아파트 재개발 공사 현장

재건축, 잘못하면 아파트 시장을 자극한다

장기적인 관점에서 강남권 아파트의 가격을 안정화시키려면 재건축 단지를 새롭게 개발해 공급을 늘릴 필요가 있다. 하지만 이를 실제로 추진할 경우 단기적으로 강남권 아파트 가격에 혼란이 야기될 가능성이 크다. 왜냐하면 재건축을 통해 아파트를 허물면 필연적으로 그 자리에 신축 아파트가 들어오게 되는데, 이 신축 건물의 프리미엄이 시장을 자극하기 때문이다. 프리미엄을 통해 수익을 얻고자 하는 매수자들은 재건축에 크나큰 관심을 보이며 호가를 상승시킨다. 실제로 거래가 이루어지는 것과는 별개로 매수호가 상승은 뉴스에 회자되며 강남권 재건축 가격을 들썩이게 한다.

또한 실제로 재건축이 진행되는 기간에는 전세 시장에도 큰 변화가 일어난다. 대단위 재건축 아파트 거주자들은 공사 기간에 인근 아파트에 전세로 살고자 한다. 아파트라는 주거 공간은 특성상 동질적인 주민들이 모여 사는 경우가 많고, 이들의 비슷한 수요는 인근 전세가격을 부채질한다. 따라서 재건축 아파트 주변의 전세가격은 오를 수밖에 없다.

정치적 차원에서 재건축에 관한 공약은 한계점이 명확하다. 전국 단위든 서울시 차원의 선거든 특정 지역 재건축을 유도하는 접근은 그 지역 외 사람들의 반감을 갖게 할 수 있다. 이런 이유로 선거 후보자는 특정 지역에 유리한 주장을 펼치기보다 많은 투표권자를 대상으로 하는 정책을 제시할 가능성이 높다. 또한 재건축 시장은 아파트 가격에 즉각적인 영향을 미칠 수 있다는 점에서 선거를 위한 레토릭 차원 이상의 실질적으로 도움이 되는 무언가가 나오기는 힘들다.

재개발, 모든 정파의 표를 부르는 공약

그러나 재개발은 다르다. 재개발은 표가 된다. 재개발은 재건축과 달리 추진될 때 기존 아파트 가격 자체에 영향을 주지 않는다. 대신 기존의 다세대·연립주택 가격에 영향을 준다. 그 말은 즉, 아파트 시장이 아닌 해당 지역의 토지 시장에 영향을 준다는 것이다. 따라서 후보자가 재개발 관련 공약을 제시할 때는 일반 시민들에게 '기존 아파트 가격에 영향을 주지 않으면서 미래 아파트 공급을 가능케 한다'라는 긍정적 메시지를 줄 수 있다. 이는 재개발 구역으로 묶인 지역 주민들의 지지를 이끌어낼 수 있다.

실제로 과거에 2008년 총선을 앞두고 뉴타운(대규모 재개발 사업) 개발 광풍이 불었던 것을 생각해보면 이해가 쉽다. 당시 많은 국회의원 후보들이 여야를 가릴 것 없이 경쟁적으로 뉴타운 사업을 공약으로 내걸었다.

2022년에 있을 2개의 대형 선거는 서울, 특히 강북의 다세대·연립주택 밀집 지역의 표를 자극하는 선거용 정책이 발표될 가능성이 크다. 만약 그렇게 된다면 이는 과거 뉴타운 개발 때와 마찬가지로 해당 지역의 토지가격을 자극할 것이다.

여야가 경쟁적으로 뉴타운 재개발 공약을 걸었던 2008년 총선　　　출처_뉴시스, 2008.04.07

"서울지역 총선 후보들, 너도나도 '뉴타운' 공약… 후유증 우려"

서울에 출마한 각 정당 후보들이 4.9 총선 과정에서 경쟁적으로 뉴타운 공약을 남발, 부동산 가격 폭등 등 총선 후유증이 우려되고 있다. 최대 승부처인 서울만 봐도 성북, 은평, 동대문, 강서, 동작 등 뉴타운을 새로 유치하거나 조기 착공하겠다는 선거구가 무려 28곳에 달한다…

[MBC 100분토론] "분노한 부동산 민심, 해법은?"

꼬마빌딩의 품귀 현상

: 영끌 건물주의 운명은? :

단독·다가구 용도 변경이 아닌, 순수한 오피스 상가 형태의 꼬마빌딩 투자는 현시점에서 매우 조심해야만 한다. 코로나로 인한 불경기로 현재 꼬마빌딩의 투자수익률은 2% 중반에 불과한 경우가 허다하며 이는 시중의 저축은행 금리와 비슷한 수준이기 때문이다.

30평대 아파트에 거주하며 부모님으로부터 상속받은 주택에서 월세 수입을 얻어온 50세 B씨. 과도한 세금을 피하기 위해 단독주택을 처분한 후 10억 원의 자금이 생겼다. 금리가 낮으니 어딘가에 투자는 해야겠는데 주식 투자는 제대로 해본 적이 없어 영 불안하고, 앞으로 꼬마빌딩이 뜬다는 소문에 마음이 끌린다. 하지만 코로나 불경기로 여기저기 임대 표시가 붙어 있는 건물들을 보면 덥석 큰돈을 투자하는 게 두렵기만 하다. 부동산에 가서 물어보니 대출이 막힌 아파트에 비해 꼬마빌딩은 60~70%까지 대출을 받을 수 있다며 건물 매입을 권유했다. 30억 원 상당의 빌딩을 살 수 있는 기회에 마음이 흔들리는 B씨. 정말 꼬마빌딩 건물주가 되면 노후에 걱정 없이 살 수 있는 걸까? 큰 대출을 받아 이자에 허덕일 바에는 은행에 넣어두고 조금씩 아껴 쓰는 게 차라리 나은 걸까?

집은 못 사도 빌딩은 살 수 있다

다주택자 중과세와 다양한 세금 정책으로 주택 매매 시장이 경직되면서 꼬마빌딩에 대한 관심과 거래가 폭증하고 있다. 최근 서울시의 상업 업무용 빌딩 거래량이 사상 최대를 기록했는데, 이 중 꼬마빌딩이 전체 거래량의 60%를 차지했다.[79] 가히 꼬마빌딩 열풍이라는 말이 나올 만한 상황이다. 서울시 상업 업무용 빌딩 거래량과 거래액은 올해 크게 상승해 2021 상반기 거래가 2,036건, 거래액은 18조 4,000억 원에 달했다.[80] 코로나 사태로 실물경기가 극히 악화돼 건물 1층 상가도 임차인을 구하기 힘든 상황임을 고려할 때, 매우 충격적인 결과라고 할 수 있다.

그렇다면 왜 이런 현상이 발생했을까? 결론부터 말하자면 꼬마빌딩의 인기는 유동성과 레버리지, 그리고 정책 실패에 기인한다. 부동산 투자자를 포함해 모든 투자자는 투입 대비 효과가 가장 큰 상품에 투자한다. 따라서 부동산 투자 유형에 따라 레버리지가 다르다면, 다시 말해 투입 대비 매입할 수 있는 건물가액이 다르다면, 레버리지 효과가 높은 특정 유형으로의 쏠림 현상이 있을 수 있다.

예를 들어 현금 10억 원의 자금을 보유하고 있다고 가정해보자. 해당 금액으로는 강남권의 평균가 아파트를 매입하는 건 쉽지 않다. 강남권 아파트의 평균 가격은 이미 15억 원을 훌쩍 넘어섰고, 15억 원 이상 아파트의 경우 은행 대출을 받는 것 자체가 거의 불가능하기 때문이다. 10억 원이라는 큰 자금을 보유하고도 강남권 아파트를 매입하기가 힘들어진 것이다.

이런 상황이라면 눈을 돌려 다른 유형의 부동산을 살펴볼 수밖에 없다. 그렇다면 꼬마빌딩은 어떨까? '근생 오피스 꼬마빌딩(빌딩 내부에 주택 없이 모든 층이 오피스나 리테일 상업시설로 된 건물)'은 경우에 따라 차이가 발생하지만 최대 70%까지 은행 대출을 받을 수 있다. 즉 현금 10억 원을 보유하고 있다면, 약 30억 원 가치의 건물 매입이 가능하다는 말이다. 10억 원이 있는 사람이 15억 원의 아파트를 매입할 수는 없지만 30억 원의 꼬마빌딩을 보유할 수 있는 아이러니한 상황이다.

일반적으로 은행은 꼬마빌딩 매입 시 감정평가액을 기준으로 60~70%선까지 대출해준다(기존 건물은 대략 60%, 신축의 경우 70%). 그리고 신용도에 따라 대출가능선이 더 올라가기도 한다. 여기서 중요

인기가 치솟고 있는 꼬마빌딩 투자

한 점은 건물 매입가격이 아니라 '감정평가액'이다. 강남권 건물은 거래가격과 감정가격이 매우 근접하게 나오는 경우가 많다(지방 소재의 건물은 감정평가액이 예상에 못 미칠 때가 많으니 지방 물건 구입 시에는 반드시 미리 별도의 감정평가를 받아야 한다). 따라서 강남권 꼬마빌딩은 어느 정도 예측 가능한 선에서 투자금 대비 대출액을 파악할 수 있다.

참고로 2010년대 중반에는 감정가격이 거래가격보다 높게 나오는 경우도 있었다. 극단적인 사례로 강남권에서 거래액 40억 원짜리 빌딩의 감정가액이 45억 원이 나와, 45억 원의 80%선인 35억 원까지 대출이 가능한 경우가 있었다. 해당 거래의 매수인은 5억 원의 자금으로 45억 원짜리 빌딩을 매입했다. 물론 현재는 그와 같은 거래는 현실적으로 불가능하다.[81]

꼬마빌딩 열풍을 부추기는 정부

꼬마빌딩으로 수요가 몰린 또 다른 요인은 부동산 세제의 차이다. 고가 아파트는 재산세와 더불어 종부세(종합부동산세) 대상이 된다. 1주택의 경우도 11억 원 이상의 금액에 해당하면 종부세 과세 대상이 될 수 있다.[82] 하지만 꼬마빌딩은 주택이 아닌 만큼 종부세 납부 대상에 잡히지 않는다. 따라서 종부세 부담으로 인해 주택을 처분한 사람들이 꼬마빌딩으로 투자를 연결할 가능성이 충분하다.

또한 정부의 부동산 정책 실패도 꼬마빌딩 열풍을 부추기는 데 한

못했다. 주택 매매에 대한 규제가 상가 투자로 이어졌기 때문이다. 앞서 언급한 바와 같이 15억 원 이상의 아파트에 투자할 때는 대출이 거의 불가능하다. 단독·다가구주택과 다세대·연립주택도 마찬가지여서 15억 원 이상의 주택에 투자하려는 매수인은 대출을 거의 받을 수 없다. 매각하는 입장에서도 힘들다. 단독·다가구주택 소유자는 본인 건물을 팔고 싶어도, 매수자들이 대출이라는 레버리지를 일으키는 것이 불가능하기에 매각 자체가 어렵다. 주택담보대출이 불가능해진 잠재적 매수인들이 단독·다가구주택을 찾지 않게 된 것이다.

그리고 건물주 입장에서도 긴급한 자금이 필요할 때 소유한 건물을 바탕으로 대출을 일으키는 것이 거의 불가하다. 본인이 만약 사업을 해 법인을 갖고 있다면 법인 명의로 일부 대출이 가능할 수도 있지만, 이 경우도 법인이 어떤 목적으로 돈을 빌리는지를 소명해야만 한다. 본인 소유의 자산을 제대로 활용하지 못하게 하는 현재의 상황은 건물 소유주가 부자이건 아니건 매우 불합리한 것이다. 자본주의 사회에서 사회적 약자가 형평에 어긋난 피해를 봐서도 안 되지만, 부자라는 이유로 지나친 규제의 피해를 봐서도 안 되기 때문이다.

근생으로 바뀌는 단독·다가구주택, 또 다른 정책의 실패

정책 실패로 인해 야기된 사회적 트렌드가 또 있다. 바로 단독·다가구 주택의 용도를 '근생(근린생활시설)'으로 변경시키는 것이다. 사실 이는 도시 전체의 주거권을 봤을 때 매우 안 좋은 상황이지만, 이미 강남권에서 빈번히 발생하고 있는 일이다. 그렇다면 사람들은 왜 단독·다가구주택을 근생으로 바꾸고 있고, 이게 어떤 원리로 수익이 되는 걸까? 그리고 도시에 근생 건물이 많아지는 것이 왜 문제인 걸까? 예를 통해 알아보자.

급하게 돈이 필요한데 대출을 못 하는 상황인 한 꼬마빌딩 건물주가 있다고 가정하자. 그리고 여기 기발한 아이디어를 갖고 접근하는 건물 매수인이 있다. 매수인은 상황이 급한 매도인(수십억 원대 건물을 팔려고 하지만 매수인이 없어 주변 시세에 비해 20% 할인을 감수한 건물주)을 찾는다. 등기부 등본을 떼서 대출을 많이 낀 매도인을 찾는 것도 방법이며, 미국에는 이런 상황을 이용하는 전문 프롭테크 회사도 있다. 즉 매수인은 잠재적 매도인 리스트를 확보한 후 이를 바탕으로 할인된 물건을 사려 하는 것이다.

이런 거래에 있어 매수인은 매도인에게 계약금으로 거래액의 10%를 주며 한 가지 조건을 건다. 잔금 내는 기간을 6개월 뒤로 할 테니, 그전까지 세입자들을 내보내고 건물 용도를 주택에서 근생으로 바꿔야 한다는 것이다. 잔금을 치르는 시점에 건물 용도가 근생으로 변경되어 있는 경우, 은행 대출이 70%까지 나오기 때문이다.

강남권에서는 2020년 하반기와 2021년 상반기에 걸쳐 단독·다가구주택이 근생 형태로 바뀌는 개발이 많이 진행되었다. 정부의 정책 실패로 인해 건물 매도인은 할인된 가격으로 건물을 매각해야 했고, 단독·다가구에 거주하던 세입자들은 용도 변경된 건물에서 쫓겨나야 했으며, 결과적으로 서민 주거의 절대 물량 자체가 줄어들었다.

꼬마빌딩 수익률은 얼마나 될까?

사례로 든 이 개발은 매수인 입장에서 보면 매우 성공적이라 할 수 있다. 부동산 디벨로퍼는 사업적 수익을 추구하는 입장인 만큼, 앞서 발생한 아쉬운 요인들의 책임을 이들에게 돌릴 수는 없다. 또한 건물 매수인은 할인된 가격에 건물을 매입하기는 했지만, 명도 리스크(부동산의 점유를 인도받지 못할 위험)를 떠안고 건물을 매입하는 위험 부담도 동시에 가져갔다고 볼 수 있다. 매수인은 이런 투자 형태로 단기간에 20~30% 이익을 얻을 수 있다. 하지만 이처럼 한번 단독·다가구주택이 근생으로 바뀌면 이후 그 건물은 더 이상 할인되어 팔리지 않으며, 주변 시장 가격으로 수렴하게 된다.

다만 단독·다가구 용도 변경이 아닌, 순수한 오피스 상가 형태의 꼬마빌딩 투자는 현시점에서 매우 조심해야만 한다. 코로나로 인한 불경기로 현재 꼬마빌딩의 투자수익률은 2% 중반에 불과한 경우가 허다하며 이는 시중의 저축은행 금리와 비슷한 수준이기 때문이다.

2021년 8월의 실제 매물을 통해 꼬마빌딩 수익률을 분석해보자. 건물을 매입하는 목적과 미래에 수익을 창출하는 방법에 따라 크게 두 그룹으로 나누어 볼 수 있다. 토지가격을 기준으로 분류한 A그룹(1억 원대)과 B그룹(1억 5,000만 원~1억 7,000만 원대)은 각각 다른 특징과 다른 수익률을 보여준다.

토지가격이 조금 더 싼 A그룹은 미래의 신축 개발 가능성을 고려해 건물을 매매한다. 즉 기존 건물을 철거하고 새로운 건물을 세워 미래 임대료와 신축 건물의 가치를 높이는 것이다. 이에 반해 B그룹은 기존 건물을 유지하고 현재 건물에서 나오는 임대수익률을 보고 투자한다. 건물은 유지한 채 향후의 임대수익과 가치 상승을 고려한다.

두 그룹의 차이는 결국 수익률의 차이로 나타난다. A그룹보다 B그룹의 수익률이 더 높다. 그러나 사실 A그룹의 경우는 현재의 수익률 자체가 무의미하다. 이들에게는 현재가 아니라, 새로운 건물을 만들고 새로운 임차인을 들인 다음의 미래 임대수입이 더욱 중요하기 때문이다. 따라서 현재 A그룹의 관건이 되는 건 수익률이 아니고 '토지 가격'이다. 얼마나 적정한 가격에 토지를 매입하는가가 가장 중요한 것이다. 반대로 B그룹에게는 수익률이 핵심이 되며, 최소 2%보다 높은 수익률을 추구한다. 이 수익률은 미래에 건물주가 새로운 임차인을 들여 임대수익을 더욱 높일 수 있느냐와도 연결되기 때문에 매우 중요하다.

꼬마빌딩 실매물 수익률 분석(2021년 8월)

지역	A그룹			B그룹		
	삼성동	논현동	논현동	논현동	논현동	역삼동
매매가	680,000	870,000	750,000	520,000	410,000	400,000
연 임대료	3,276	5,820	8,100	22,740	8,400	9,360
대지(평)	50	65	60	70	55	56
수익률	0.5%	0.7%	1.1%	4.4%	2.0%	2.3%
평당가	13,682	13,488	12,563	7,461	7,414	7,130

(단위: 만 원)

강남 꼬마빌딩, 양날의 칼이 되다

꼬마빌딩 투자에 있어 강남구를 분석하는 것은 필수다. 강남 꼬마빌딩은 (비록 토지가격이 비싸기는 하지만) 많은 임차수요가 존재해, 투자에 도움이 되는 정보를 알려주기 때문이다. 강남은 서울에서도 상대적으로 높은 가격의 임대료를 낼 수 있는 이들의 수요가 많은 곳이다. 만약 성수동 이면도로 소재 건물과 강남구 소재 건물의 토지가격이 평당 1억 원으로 동일하다면 어떤 선택을 하는 것이 좋을까? 향후 성수동이 현재보다 더 나아지고 새로운 소셜벤처 클러스터로 발돋움할 수 있다 해도, 과연 강남구 정도의 인프라를 제공하고 기업들이 입지하는 중산층 이상의 타운으로 성장할지는 미지수다. 따라서 고급 임차수요가 많은 강남구 꼬마빌딩 매매가격은 서울 내 꼬마빌딩 투자에 있어 강력한 준거로 봐야 한다.

그런데 이 강력한 준거인 강남구 꼬마빌딩의 가격에 크게 영향을 주는 것이 있다. 바로 '이자율'이다. 미래에 강남 꼬마빌딩의 가격이 지속적으로 상승할지 여부는 이자율의 상승 여부와 깊은 연관이 있다. 꼬마빌딩은 (감정평가액 기준으로) 기존 건물도 60% 정도의 대출이 나오기 때문에, 상당한 은행 대출을 안고 있는 경우가 많다. 이는 거의 현금만으로 매입해야 하는 강남구 소재 고가 주택의 상황과는 매우 다른 측면이 있다.

만약 100억 원대 꼬마빌딩 매입에 50억 원가량의 은행 대출이 끼어 있을 경우, 내야 할 이자는 이자율 2.5% 기준 연 1억 2,500만 원

(50억 원×2.5%)이다. 이 건물의 수익률이 2.5%라고 가정하면, 연 2억 5,000만 원(100억 원×2.5%)의 수익이 나오는데, 이 수익으로 금융비용을 감당해야 한다.

그런데 이자율이 3%로 상승하는 경우, 연 금융비용은 1억 5,000만 원, 3.5%로 상승하는 경우에는 연 금융비용이 1억 7,500만 원으로 치솟는다. 이때는 여전히 연 수입 2억 5,000만 원으로 금융비용은 상쇄시킬 수 있지만, 건물주의 자기자본 50억 원에 대한 투자수익률은 형편없이 낮아진다. 그리고 만약 자기자본 50억 원 중 일부 또는 상당수를 신용이나 다른 건물 담보 대출을 통해 조달한 경우라면, 수익률은 더욱 낮아지고 부담이 생기기 시작한다.

현재 꼬마빌딩 수익률은 시중의 저축은행 예금이자와 비슷한 수준이 많다. 그런데 이자율이 상승하는 경우, 저축은행의 금리 상승 가능성은 커지고, 꼬마빌딩의 순수익은 낮아진다. 만약 같은 돈 1억 원을 부동산에 투자하면 2.5%의 수익을 보는데 저축은행에 예치해 3% 수익이 난다면, 투자자들은 환금성이 좋은 저축은행으로 발길을 돌릴 가능성이 커진다. 따라서 이자율 상승 시 강남 꼬마빌딩에 대한 수요는 줄어들 가능성이 크다. 이자율이 상승하면 금융비용이 증가하는 동시에 수익률은 저하되고 결국 꼬마빌딩에 대한 수요도 감소할 것이다. 따라서 이자율 상승은 레버리지를 많이 긴 꼬마빌딩에 타격을 입힐 가능성이 크다고 봐야 한다.

한눈에 보는 부동산 빅이슈

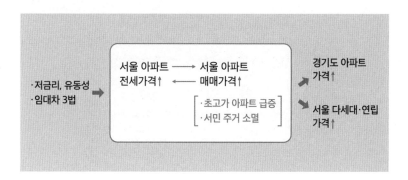

Part
3

2022 부동산
가격 大예측

부동산 흐름을 읽는 눈

: 불확실한 시장을 예측하는 법 :

부동산 가격과 관련해서도 물론 다양한 변수가 존재한다. 인플레이션, 이자율, 경제성장률, 공급률 등등… 부동산과 관련된 기사에서 자주 등장하는 이런 요소들은 변수가 되어 가격에 영향을 미친다. 지금부터 부동산 시장 메커니즘을 이해하는 데 필요한 상식인, 변수들과 부동산 가격의 상관관계를 하나씩 이해해보도록 하자.

이번 장에서는 부동산 투자자, 실거주자, 경제 전문가를 비롯해 모든 사람이 가장 궁금해하는 질문에 답을 해보고자 한다.

"과연 내년도 서울시 집값은 어떻게 될까?"
"지금처럼 무서운 기세로 계속 오를까?"
"정부의 호언장담처럼 최고점을 찍은 아파트 가격이 떨어질까?"

미래 부동산 가격 예측, 불가능하지 않다

강의나 방송을 통해 "2022년도의 아파트 가격은 충분히 예측할 수 있다!"라고 하면 사람들은 다양한 반응을 보인다. 미래 가격이 예측 가능하다는 자체에 의문을 갖는 사람도 많고, 어떻게 예측이 가능한 지에 대해 궁금해하는 경우도 많다. 궁금해할 사람들을 위해 아파트 가격 예측의 '원리'를 간략히 정리하자면 '빅데이터를 통한 계량경제 모형과 인공지능 모형의 활용'이라고 할 수 있다. 하지만 부동산 가격을 예측함에 있어 그 방법보다는 결과의 '정확도'가 훨씬 중요할 것이다. 가격 예측 모형의 정확도에는 일정 부분 연구자의 주관이 영향을 미친다. 따라서 이를 최소화해 객관적인 결과를 도출하려면 하나의 고정적인 값보다 외부의 경제적 요소를 반영한 가격의 변화 폭, 즉 '범위'를 설명하는 것이 맞을 것이다.

가격 모형과 예측 결과에 대해 본격적인 이야기를 하기 전에 잠시 필자의 경험을 말해보려 한다. 필자는 2007년 중순부터 2009년 2월까지 미국 보스턴 소재의 상업용 부동산 투자 컨설팅 기업인 PPR(Property and Portfolio Research)에서 선임연구원으로 근무하며 글로벌 부동산을 분석했다. 그곳에서 수행한 주요 업무는 아시아와 유럽 도시들의 오피스 가격 예측 모형을 구축하는 것이었다. 이 가격 예측 모형은 월 스트리트의 금융회사들과 국부펀드(SWF; Sovereign Wealth Fund)들이 거금을 투자하기에 앞서 의사결정을 하는 데 중요한 정보로 활용되었다. 이들은 자산의 일정 부분을 대형 상업용 건물(오피스, 쇼핑몰, 물류창고, 호텔 등)에 투자한다. 수천억 원 단위의 투자를 함에 있어 매입 대상 건물이 위치한 시장의 현재와 미래 상황을 살피는 건 필수적이다. 미래 가격 예측에 대한 견해도 없이 천문학적인 자금을 투자할 수는 없기 때문이다. 필자는 이때 투자 컨설팅 기업인 PPR에 근무하며 부동산의 가격, 임대료, 공실률, 투자수익률을 예측하는 모형을 연구한 것이다.

이번 Part 3에서는 당시의 모델을 한층 업그레이드한 모형을 바탕으로 2022년도 서울시 주요 지역 아파트의 미래 가격을 예측해보았다. 그럼 이제부터 그 결과를 살펴보도록 하자.

부동산 가격 예측의 변수들

미래에 어떤 일이 벌어질지는 아무도 모른다. 이렇게 변화하는 값을 우리는 흔히 '변수'라고 부른다. 부동산 가격과 관련해서도 물론 다양한 변수가 존재한다. 인플레이션, 이자율, 경제성장률, 공급률 등등… 부동산과 관련된 기사에서 자주 등장하는 이런 요소들은 변수가 되어 가격에 영향을 미친다. 많은 사람이 위와 같은 경제용어에 지레 겁을 먹고 부동산 공부를 포기하곤 한다. 하지만 큰 자금이 투입되는 부동산 투자를 하면서 가장 기본적인 요소를 회피하는 건 위험하다. 지금부터 부동산 시장 메커니즘을 이해하는 데 필요한 상식인, 변수들과 부동산 가격의 상관관계를 하나씩 이해해보도록 하자.

부동산 가격의 다양한 변수 중에서도 가장 중요한 것은 외부에서 발생하는 3가지 변수인 '인플레이션', '이자율', '경제성장률'이다. 내부에서 일어나는 변수에는 수요와 공급이 있는데, 이는 미래 서울시 아파트 가격을 예측하는 데 절대적인 영향을 발휘하지는 않는다. 왜냐하면 수요의 경우 서울은 경기권에서 서울로 진입하고 싶어 하는 대기수요가 항상 존재하기 때문이고, 공급은 인·허가와 준공 트렌드를 통해 향후 3년간의 향방을 쉽게 판단할 수 있기 때문이다. 문제가 되는 것은 앞서 언급한 3가지이다.

거기에 더해 2022년에는 선거와 같은 정책 이슈가 부동산 가격에 영향을 미칠 수 있다. 하지만 이는 모형에 직접적으로 입력할 수 있는 요소는 아닌 만큼 본 분석에서는 제외했다. 선거가 부동산 가격에 끼치게 될 영향에 대해서는 앞선 Part 2의 〈이슈9. 2022 대선과 지방선거〉를 참고하면 도움이 될 것이다.

매매수요지수

: 부동산 시장의 위험을 진단하라 :

매매수요지수는 2006년 이후 16년간의 장기 평균수요(거래량) 대비 현 시점 수요(거래량)의 변동 폭으로 이해할 수 있다. 따라서 거래량이 장기 평균보다 많은 경우, 시장은 가격 상승으로 이동할 가능성이 커지며, 반대로 거래량이 장기 평균보다 적다면 시장 가격은 하락할 가능성이 커진다.

현재 시장의 정상 여부를 판단하는 법

본격적으로 변수들을 살펴봄에 앞서 2020년부터 현재까지의 전반적인 '시장 흐름'을 짚고 넘어가려 한다. 여기서는 서울대학교 공유도시랩에서 구축한 매매수요지수와 가격 상승률 간의 상관관계를 통해 시장의 분위기를 읽어보고자 한다.

'매매수요지수'란 시장의 전반적인 거래 수준을 나타내는 지표로 2006년 이후 전체 거래량과 해당 분기의 거래량을 비교해 계산한다. 절대적인 거래량이 많고 적음의 문제가 아니라, 전 시점 대비 해당 시점의 거래량 수준을 알려줌으로써 매매에 대한 수요가 어느 정도인지를 짐작하게 한다.

부동산은 장기적으로 보았을 때, 평균으로 회귀하는 경향이 있다.[83] 즉 시장의 총량이 비슷하다고 했을 때, 외부 충격으로 부풀어진 형태가 시간이 지나면 원 상태로 돌아가는 것이다. 따라서 장기간에 걸친 평균값 대비 현 시점의 거래량이 지나치게 높다면, 현재 시장에 수요가 급격하게 몰려 있음을 뜻한다. 반대로 평균값 대비 현 시점의 값이 매우 낮다면, 시장에 수요가 사라지고 본격적인 대세하락으로 진입함을 뜻한다. 매매수요지수는 2006년 이후 16년간의 장기 평균수요(거래량) 대비 현 시점 수요(거래량)의 변동 폭으로 이해할 수 있다. 따라서 거래량이 장기 평균보다 많은 경우, 시장은 가격 상승으로 이동할 가능성이 커지며, 반대로 거래량이 장기 평균보다 적다면 시장 가격은 하락할 가능성이 커진다.

앞서 Part 2에서 설명한 바와 같이 거래량이 많아지면 가격이 상승하고, 거래량이 적어지면 가격이 하락한다. 이 내용을 매매수요지수와 가격 상승률에 적용하면 현재의 시장 흐름이 정상적인지 비정상적인지 판단할 수 있다.

매매수요지수가 0보다 큰 플러스(+)의 상태면, 거래량이 장기 평균보다 많아 매매에 대한 수요가 있다는 뜻이니 가격이 오르는 것이 정상적일 것이다. 그래프상에서 매매수요지수도 플러스, 가격 상승률도 플러스인 B면에 위치하는 형태가 이 경우다. 거래량이 많아지면 가격이 상승한다는 기존 상식에 맞는 정상적인 시장이다. 반대로 매매수요지수가 0보다 작은 마이너스(-)면서 가격도 하락하는 형태인 C면

매매수요지수와 매매가격 상승률을 통해 본 시장 흐름

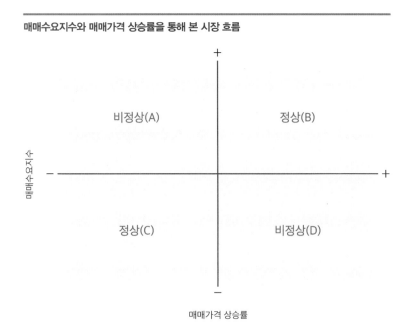

에 위치한 경우를 생각해보자. 거래량(수요)이 적어 가격이 하락하는 것이니 이 역시 정상적인 시장이라 할 수 있다.

그런데 매매수요지수는 0보다 크면서 가격이 하락하거나(A면) 매매수요지수가 0보다 작으면서 가격이 상승하는(D면) 상황은 비정상적이다. 이는 매우 위험하고 불안한 시장 상황을 나타낸다. 하지만 안타깝게도 지금 우리가 처한 상황이 이렇다.

2020~2021년 시장 상황이 보내오는 위험 신호

지금부터 우리가 처한 시장에 대해 분석해보려 한다. 최신 자료인 2020년 1분기부터 2021년 2분기까지 총 6분기의 매매수요지수 데이터를 통해, 서울시 부동산 시장이 어떻게 흘러가고 있는지 살펴보도록 하자. 그리고 현재 우리가 왜 위험하고 불안한 상황에 처했는지도 알아보자.

그래프의 점들은 각각 서울시 구별 데이터를 의미한다. 2020년 1분기, 서울시 구 중 반 정도는 D면(비정상)에, 반 정도는 B면(정상)에 걸쳐 있다. 이때는 코로나 사태가 시작되며 혼란스러운 상황이 부동산 시장에도 반영된 것으로 보인다.

그런데 2020년 2분기에 들어서는 거의 대부분의 구들이 B면(정상)에 놓여 있다. 이때는 기준금리가 0.75%에서 0.50%로 낮아지며 유동성이 늘어났던 시기다. 시장에 현금이 많이 풀리고 부동산 시장에도

2020년 1분기 매매수요지수와 가격 상승률

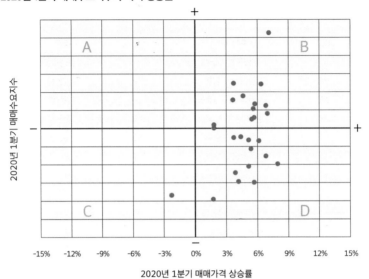

2020년 2분기 매매수요지수와 가격 상승률

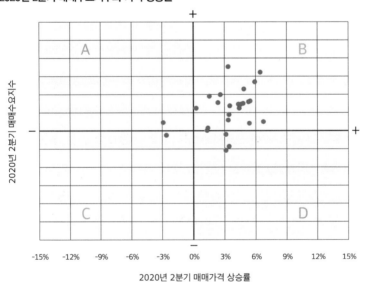

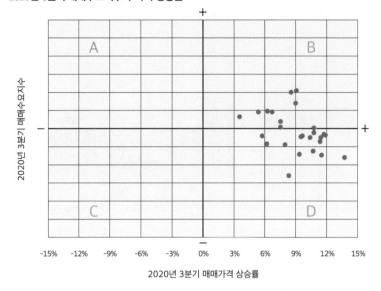

2020년 3분기 매매수요지수와 가격 상승률

매매수요가 지속되며 가격이 상승하는 형태가 나타났다.

2020년 3분기가 되면서 일부 구들이 다시 D면(비정상)으로 이동했다. 반 정도가 정상 범위에, 반 정도가 비정상 범위에 위치해 있다.

2020년 4분기에는 비정상적인 시장 흐름이 심화되어 5개 구만 B면(정상)에 위치하고 20개 구는 D면(비정상)에 놓이게 되었다.

2021년 1분기에는 모든 구들이 D면(비정상)에 위치하게 되었다. 즉 가격이 상승했으나 매매수요가 지속적으로 감소하는, 비정상적인 패턴이 나타난 것이다. 흔히들 기사에서 이야기하는 '패닉바잉Panic

2020년 4분기 매매수요지수와 가격 상승률

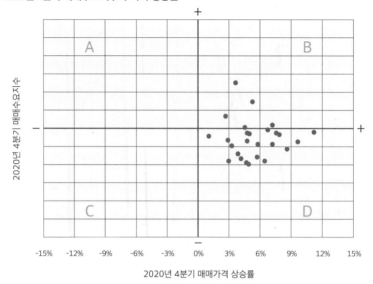

2020년 4분기 매매가격 상승률

2021년 1분기 매매수요지수와 가격 상승률

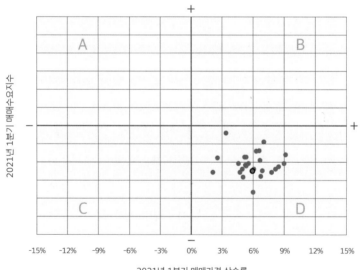

2021년 1분기 매매가격 상승률

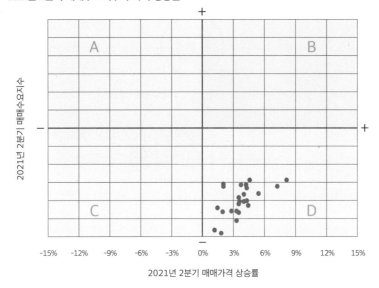

2021년 2분기 매매수요지수와 가격 상승률

세로축: 2021년 2분기 매매수요지수
가로축: 2021년 2분기 매매가격 상승률

-15% -12% -9% -6% -3% 0% 3% 6% 9% 12% 15%

Buying'은 이렇게 혼란스러운 상태에서 이루어진다. '패닉바잉'은 가격 상승이나 물량 소진에 대한 불안감으로 가격에 상관없이 무조건적으로 물건(주택)을 매입하는 현상을 말한다. 따라서 D면(비정상) 위에 데이터가 많이 위치하는 이런 형태는 혼란스러운 상황에서의 매입이 존재한다는 것을 의미한다.

2021년 2분기의 데이터는 바로 전 분기와 같은 D면(비정상)에 있지만, 값들이 C면(정상) 근처로 이동한 모습이다. 가격 상승률이 낮아지는 방향으로 데이터가 움직인 것이다. 이는 추가적인 매입이 붙지 않는 경우 서울시 일부 구에서는 가격 하락이 발생할 가능성이 있음을 보여준다.

투자수익률

: 서울시 지역별 아파트 수익률 분석 :

시간이 흐름에 따라 투자수익률이 높아지고 있는 부동산이 있다고 치자. 당신은 이 건물이 어떻게 보이는가? 투자수익률이 올라가고 있으니 매력적인가? 만약 시간이 흐름에 따라 투자수익률이 올라가는 건물 혹은 그런 지역이 있다면 무조건적으로 거기에 투자해서는 안 된다. 이런 건물은 임대수입이 높아지는 자산일 수도 있지만, 반대로 건물가격이 낮아지고 있는 자산일 수도 있기 때문이다.

결국 투자수익률이다

부동산 투자 업계에서 가장 자주 사용되는 단어 중 하나가 '투자수익률'이다. 글로벌 부동산 투자의 경우는 더욱 그러하다. 글로벌 투자자들은 서울 오피스 건물에 투자할지 아니면 동경, 북경, 파리, 런던, 뉴욕 등에 투자할지를 논의할 때, "서울 소재 오피스 건물의 제곱미터당 가격이 얼마예요?"라고 묻지 않는다. 동경 오피스 건물의 제곱미터당 가격과 북경, 파리, 런던, 뉴욕 소재 오피스 건물의 가격은 저마다 다를 것이고, 이는 해당 도시의 오피스 수요와 경제상황, 토지가격 등 무수한 요인들에 의해 결정되기 때문이다. 그래서 이들에게는 전 세계 부동산을 아우르는 단일 지표가 필요한데 그것이 바로 '투자수익률'이다.[84]

서울 오피스 건물의 투자수익률이 3%라고 할 때 만약 뉴욕 오피스 건물의 투자수익률 또한 3%라고 하면, 글로벌 투자자들은 서울의 오피스 건물에 투자하지 않는다. 서울에 비해 뉴욕이 훨씬 큰 글로벌 도시이고 거기에 걸맞은 오피스 수요가 존재하기 때문이다. 100억 원을 투자했을 때 1년 동안 벌어들이는 돈이 서울과 뉴욕 모두 동일한 3억 원이라면 굳이 서울에 투자할 필요가 없는 것이다.

그런데 뉴욕의 오피스 투자수익률이 3%이고 서울의 오피스 투자수익률이 5%라고 하면, 투자자들은 충분히 갈등할 수 있다. 꼭 서울을 선택하지 않더라도 포트폴리오 관리 차원에서 전체 운영자산 10조 원 중 뉴욕에 8조 원, 서울에 2조 원 정도로 분할해 투자를 감행할 수 있다. 이들이 보기에 비록 서울이 뉴욕보다 작은 시장이고 어느 정도 위험 요소가 있다고 판단되더라도, 대한민국 경제성장률이 꾸준히 상승하고 서울 오피스 시장 수요 전망이 좋다면 5% 수익률도 꽤 매력적으로 보일 것이기 때문이다.

따라서 투자수익률은 다양한 포트폴리오를 비교할 때 활용되는 가장 중요한 지표이다. 물론 가격도 중요하겠으나, 무엇보다 우선적으로 고려되는 요소는 역시 투자수익률이다.

투자수익률이 일으키는 착각

부동산 투자수익률은 기본적으로 1년에 벌어들이는 순수입(임대수입에서 각종 비용을 제외한 순임대수입)을 건물가격으로 나눈 것이다. 예를 들어, 10억 원을 투자해 꼬마빌딩을 매입했는데 관리비용이나 기타 공과금을 제외하고 1년에 5,000만 원 정도를 번다면, 이 꼬마빌딩의 투자수익률은 5%인 것이다. 여기서 투자수익률을 구성하는 두 요소인 '순수입'과 '건물가격'은 건물주의 입장에서는 모두 긍정적인 요소이다. 순수입이 높아지는 것이나 건물가격이 오르는 것은 건물주에게는 반가운 일이기 때문이다. 그러나 두 요소가 늘 투자수익률에 긍정적인 영향을 미치는 것은 아니다.

시간이 흐름에 따라 투자수익률이 높아지고 있는 부동산이 있다고 치자. 당신은 이 건물이 어떻게 보이는가? 투자수익률이 올라가고 있으니 매력적인가? 여기에 투자할 것인가? 만약 시간이 흐름에 따라

투자수익률이 올라가는 건물 혹은 그런 지역이 있다면, 무조건적으로 거기에 투자해서는 안 된다. 이렇게 투자수익률이 올라가는 건물은 임대수입이 높아지는 자산일 수도 있지만, 반대로 건물가격이 낮아지고 있는 자산일 수도 있기 때문이다.

일반적으로 임대료는 빠르게 움직이지 않는다. 예를 들어, 인구 10만 명의 작은 도시에 국내 최대 기업이 본사를 유치한다는 결정을 내렸다고 치자. 그 결정이 내려진 다음날 요동칠 요소는 '토지가격'이지 임대료가 아니다. 토지가격은 그 다음날 즉시 100% 상승할 수도 있지만, 임대료는 그럴 수 없다. 임대료는 대개 장기간 계약으로 묶여 있기 때문에(임대차보호법상 상가는 최소 5년, 주거는 재계약 시 4년), 급작스러운 상승을 기대하기 힘들다. 하지만 건물가격에 대한 호가는 즉각적으로 2배, 5배, 10배 상승도 가능하다.

따라서 특정 지역에 엄청난 호재가 발생하는 경우 투자수익률은 오히려 떨어진다. 투자수익률이 상승하는 지역은 부동산 가격이 떨어지는, 투자를 감행하기에 위험한 지역이라는 것을 반드시 알아야 한다.

이 원칙은 지역과 지역 간 비교 시에도 적용된다. 사람들이 많이 몰리는 지역이나 부자 동네(돈 많은 사람들이 투자하는 지역)의 경우, 일반적으로 서민들이 많이 사는 지역보다 투자수익률이 낮다. 또한 서울의 투자수익률은 지방에 비해 낮다. 사람들이 많이 찾는 지역, 부자 동네, 서울 등은 모두 가격이 비싸기 때문이다. 해당 지역은 투자하고 싶어 하는 사람이 많은 만큼 부동산 가격이 상승할 수밖에 없고, 결국 투자수익률이 낮아진다. 따라서 투자수익률이 높다는 정보에 현혹돼 매입하고자 하는 건물이 있다면, 매우 세심하고 종합적인 검토(과거부터 현재까지의 건물가격 추이, 공실률 추이, 미래의 수요 등)가 필수적이다.

더하여 투자수익률을 지수로 사용하는 것에 대해 하고 싶은 이야기가 있다. 그동안 우리나라 아파트 시장 분석에 있어 투자수익률 지수는 많이 사용되지 않았다. 대신 일부가 '매매대비전세비율'이라는 지수를 사용했는데, 이는 필자가 보기에 시장 상황을 반영하지 못하는 매우 잘못된 지수이다.

따라서 이어질 내용에서는 서울대학교 공유도시랩에서 개발한 아파트 투자수익률 지수를 기반으로 분석을 하려 한다. 참고로 본 투자수익률 지수는 가장 많은 거래가 이뤄지는 20평형대 아파트에서 월세 비중이 큰 거래 전수를 추출해 만든 지수이다. 그럼 이제 본격적으로 서울시 아파트 투자수익률 트렌드를 살펴보자.

강남3구 vs 노도성 아파트 투자수익률

서울시 아파트 투자수익률은 2011년 1분기부터 2013년 3분기까지 3.27%에서 3.87%로 약 0.6%p 정도 상승했다. 이는 대단히 미미한 수치로 보일 수 있으나 그 영향력은 절대 그렇지 않다. 해당 기간 서울시의 아파트 가격은 8%나 하락했다. 0.1%p의 투자수익률 변화라도 가격으로 환산해보면 커다란 영향력이 있을 수 있다.

2013년 3분기 이후 투자수익률은 단기간 상승하는 시점도 있었지만, '대세하락'의 흐름을 보여주고 있다. 이렇게 대세하락이나 대세상승이 긴 경우, 투자수익률 트렌드는 시차를 두고 금리와 유사한 흐름을 따라간다. 금리가 오르면 투자수익률도 오르고 금리나 낮아지면 투자수익률도 낮아지는 형태를 띠는 것이다.

예를 들어 보겠다. 2011년과 2012년의 상대적 고금리 기간이 지나고, 2012년 3분기부터 기준금리가 인하되기 시작했다. 투자수익률은 이후 금리와 거의 같은 방향으로 내려가는 패턴을 보였지만, 그 시작은 금리 변동 1년 후인 2013년 3분기였다. 금리가 투자수익률에 반영되는 데 약 1년의 시차가 있었던 것이다. 서울시 아파트 투자수익률은 2013년 3분기까지 상승(가격의 하락)을 이어가다가 꺾여 이후에는 금리와 마찬가지로 대세하락 트렌드를 보이고 있다.

기준금리와 서울시 아파트 투자수익률 추이

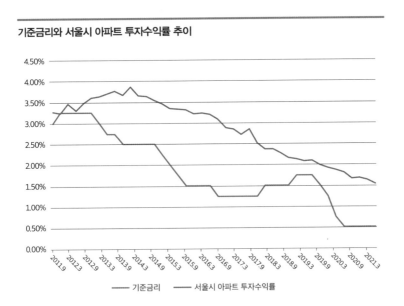

전체적으로 서울시 아파트 시장의 투자수익률은 낮아지고 있다. 그러나 서울 안에서도 투자수익률은 지역에 따라 조금씩 차이가 있다. 이번에는 서울의 특징적인 두 지역인 강남3구(강남구, 서초구, 송파구)와 노도성(노원구, 도봉구, 성북구)의 투자수익률을 비교해보겠다.

고가 주택의 투자수익률은 서민들이 사는 아파트 시장보다 낮다. 더 많은 수요가 몰려 가격 자체가 높기 때문이다. 절대적으로는 똑같은 수익을 얻더라도 아파트의 가격이 높은 쪽이 수익률이 낮을 수밖에 없다. 따라서 강남3구의 아파트 투자수익률이 다른 지역에 비해 낮게 나타나는 것은 당연하다. 그래프에서도 강남3구〈서울시 전체〈노도성 순으로 투자수익률이 나오는 것을 확인할 수 있다.

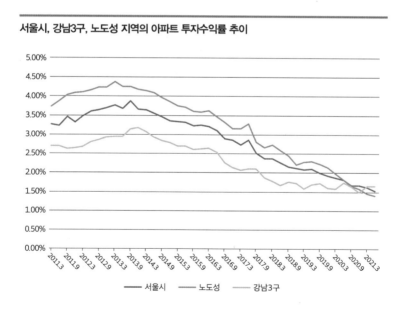

서울시, 강남3구, 노도성 지역의 아파트 투자수익률 추이

노도성 아파트 시장의 이상 징후

그런데 여기서 매우 이상한 점이 하나 있다. 2020년 3분기 이후 노도강 지역의 투자수익률이 강남3구보다 못한 수준이 된 것이다. 서민 아파트 지역 투자수익률과 고가 아파트 지역 투자수익률은 대개 격차(스프레드)가 존재한다. 2011년부터 2018년 2분기까지는 둘 사이에 대략 1%p의 격차가 있었다. 같은 임대료 수익이 나더라도 강남3구 아파트가 더 비쌌다는 의미다. 그런데 그 격차가 서서히 줄더니 2020년 3분기에는 격차가 사라졌다. 그리고 현재는 오히려 노도성의 투자수익률이 강남3구보다 낮은, 상당히 이상한 현상이 등장한 것이다.

이는 임대차 3법의 시행과 연관이 있다. 임대차 3법으로 인해 전세 수요가 매매로 옮겨가며, 6억 원 이하 아파트가 절대적으로 많던 노도성 지역의 아파트 매매 시장에 불이 붙었다. 그 여파로 노도성 아파트 가격은 급상승했으며 이런 분위기는 2021년 2분기까지 지속되었다. 아파트 가격이 오르니 투자수익률은 자연히 낮아졌다. 현재 노도성 지역 아파트의 투자수익률은 1.4%로 서울시 전체 평균인 1.54%보다도 낮은 수준이다.

이는 노도성 아파트에 더 많은 리스크가 잠재한다는 점을 시사한다. 요즘 언론에서는 패닉바잉에 대한 이야기가 심심찮게 들린다. 예를 들면 한 신혼부부가 양가의 지원과 자신들이 일으킬 수 있는 모든 신용을 바탕으로 영끌해 아파트를 매입했다는 뉴스가 나오는 것이다. 이런 경우 자기자본 투자금이 매우 적고 상대적으로 은행과 신용

대출의 비중이 높은 위험한 상태다. 만약 시장의 조정이 발생할 경우, (당연히 강남3구의 낙폭이 더 커야 정상이겠지만) 노도성 지역도 강남 못지 않은 상당한 수준의 조정이 발생할 가능성을 예의주시해야만 한다.

[김미경TV] "부동산 정책 때문에 불안해진 요즘, 내 집 지키려면 꼭 알아야 하는 것은?!"

인플레이션

: 부동산 가격을 끌어올리는 증폭제 :

물가가 오른다고 하니 인플레이션을 무조건 부정적인 요소로 생각할 수도 있다. 하지만 물가가 상승하는 만큼 집값이 오를 가능성 역시 커지므로, 인플레이션은 실물자산인 부동산의 가격에는 긍정적인 영향을 준다. 이것은 부동산이 인플레이션의 강력한 헷지Hedge 수단이자 투자 대상이기 때문이다.

철근이 불러온 집값 상승의 도미노

현재 전 세계 경제 분야에서 가장 중요한 키워드를 꼽으라면 '인플레이션'이라 하겠다. 인플레이션에 대한 우려가 증가하며 자산 시장이 요동치고 있기 때문이다. 인플레이션이란 '화폐가치가 하락해 물가가 상승하는 현상'을 말한다. 얼핏 듣기에는 물가가 오른다고 하니 인플레이션을 무조건 부정적인 요소로 생각할 수도 있겠다. 하지만 물가가 상승하는 만큼 집값이 오를 가능성 역시 커지므로, 인플레이션은 실물자산인 부동산 가격에는 긍정적인 영향을 준다. 이것은 부동산이 인플레이션의 강력한 헷지Hedge 수단이자 투자 대상이기 때문이다.[85]

구체적인 이유는 다음과 같다. 인플레이션이 오면 물가가 상승해 철강, 시멘트 등의 원자재 가격이 상승한다. 원자재의 가격이 오르면 연이어 원자재로 만드는 공산품의 가격이 올라가고, 인건비의 상승 역시 순차적으로 발생한다. 이런 상황에서 부동산을 새롭게 건설하거나 리모델링을 하게 되면 어떻게 될까? 원자재 가격과 인건비가 크게 상승한 만큼, 인플레이션이 오기 전에는 예상하지 못했던 비용이 추가로 발생할 것이다. 건설비의 규모 자체가 커지는 것이다. 몇몇 대기업은 이러한 상황에 대비해 원자재를 특정 가격에 미리 구매해둠으로써 어느 정도 건설비를 방어하기도 한다. 그러나 인플레이션으로 인한 일련의 비용 상승은 대부분 건설비를 상승시킨다.

건설에 드는 비용이 늘어나면 신축 건물의 가격이 올라가는 것은 당연하다. 게다가 이는 연쇄적으로 신축 건물 주변의 기존 건물 가격까지도 끌어올린다. 비싸진 신축 건물을 구매하지 못한 사람들이 그 대안으로 인근의 구축 건물로 옮겨가기 때문이다. 따라서 인플레이션이 발생하면 구축 건물은 신축 건물 가격의 상승분만큼 비례해서 동반 상승할 확률이 매우 커진다. 인플레이션이 발생할 경우 실물자산의 가치 상승은 불가피하며, 대표적 실물자산인 부동산 가격도 오를 가능성이 상당히 커진다고 결론 내릴 수 있다.

요즘 신문을 보면 철강, 비철, 토목 등 원자재들의 가격이 줄줄이 오른다는 기사가 나온다. 세계 경기 회복으로 인해 원자재 수요가 급증하고 있기 때문이다. 철근과 시멘트 가격이 급등해 아파트 분양가 상승이 예상된다는 내용도 눈에 띈다. 인플레이션이 부동산 가격에 영향을 미친 것이 드러나는 대목이다.

원자재 가격 상승으로 아파트 가격이 오를 것을 예상하는 기사　　　출처_비즈한국, 2021.07.16

"철근·시멘트 가격 급등… 아파트 분양가 더 오르나"

[원료인 유연탄·철광석 가격 전년보다 1.6~2배 올라… 하반기 아파트 물량 많아 가격 상승 계속될 듯]
상반기 건자재 수급 불안으로 곳곳에서 공사중단 사태를 겪었던 건설 업계가 하반기에도 암초를 만났다. 아파트 분양 물량이 상반기를 웃돌며 건자재 수요가 꾸준히 유입될 예정이지만, 시멘트·철근 등 건자재에 쓰이는 원재료 가격 오름세가 이어지면서 물가 상승 부담을 떠안게 됐기 때문이다…

인플레이션이 오면 강남 아파트는 웃는다

그렇다면 실제로 인플레이션은 서울시 아파트 가격에 얼마나 영향을 미쳤을까? 전년 동월 대비 인플레이션 상승률과 서울시 아파트 가격 상승률을 비교한 그래프를 통해 알아보자. 부동산 가격이 바닥을 다지는 기간이었던 2013년 후반부터 가격 폭등이 일어났던 2021년 상반기까지, 인플레이션 상승률이 서울시 아파트 가격 상승률보다 높았던 적은 한 번도 없었다. 서울시 아파트 가격 상승률은 인플레이션 상승률보다 최소 2%, 평균 11%를 상회했다. 따라서 인플레이션 압력이 발생하는 경우, 서울시의 아파트 가격을 위로 밀어 올릴 가능성이 커진다.

인플레이션 상승률과 서울 아파트 가격 상승률

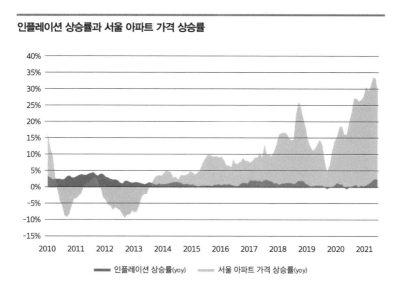

또 계량경제학 모형으로 인플레이션과 서울시 아파트 가격의 관계를 좀 더 세밀하게 분석해보니 다음과 같은 결론이 도출됐다.

- 서울시 전체 아파트 시장의 경우, 인플레이션이 1단위 상승하면 아파트 가격은 0.9 상승한다. 만약 지난달 인플레이션이 100이었는데, 현재 1% 상승했다면, 서울 전체 아파트 가격이 평균 0.9% 상승한다는 의미다.

그런데 인플레이션의 효과는 지역에 따라 다르다. 같은 서울이어도 강남과 같이 고가 주택이 많은 동네는 인플레이션의 영향력이 더 강하게 나타난다. 인플레이션이 발생하면 강남구 아파트가 노원구 아파트에 비해 더 큰 폭으로 상승한다는 것이다. 구체적인 분석의 결과는 다음과 같다.

- 강남구는 인플레이션이 1단위 상승하면 아파트 가격이 2 상승한다.
- 노원구는 인플레이션이 1단위 상승하면 아파트 가격이 0.88 상승한다.

결론적으로 인플레이션이 발생하면 서울시의 아파트 가격이 상승하게 되며, 고가 주택이 많은 강남구와 서초구를 비롯한 지역이 다른 곳보다 더욱 탄력적으로 오를 가능성이 크다.

하지만 이것이 절대 공식은 아니다. 2010년 5월부터 2013년 8월까지의 그래프를 보면 인플레이션 상승률이 서울시 아파트 가격 상승률보다 높다. 뿐만 아니라 전년 대비 아파트 가격이 오히려 떨어지는 시기도 있다. 이때는 전체적인 부동산 가격 하락기였기 때문이다. 인플레이션과 서울시 아파트 가격 사이 상관관계가 있음은 분명하지만, 이것이 유일한 부동산 가격의 변수는 아니다. 인플레이션은 앞서 말한 아파트 가격 예측의 여러 변수 중 하나에 불과하다. 따라서 인플레이션이 부동산에 미치는 영향을 관찰하며 부동산 가격과 관련해 유용한 정보를 얻는 것은 중요하지만, 이 지표만 보고 섣불리 부동산 매매 결정을 해서는 안 된다.

2020년, 코로나 팬데믹이 전 세계를 강타한 이후 글로벌 경기는 서서히 회복 중이다. 이미 인플레이션은 시작되었으며 한동안 부동산 시장에서도 중요한 이슈가 될 것이다. 따라서 부동산을 공부하는 사람이라면 인플레이션과 부동산 가격의 연관성에 대해 이해하고 큰 흐름 안에서 자신의 의사결정에도 활용해보길 바란다.

이자율

: 부동산 가격과 직결되는 금리 :

코로나 팬데믹이라는 미증유 사태가 벌어지며 1.25%였던 금리는 2020년 3월 0.75%로, 2020년 5월 0.50%로 내려갔다. 기준금리는 얼마 전 다시 0.75%까지 오르기는 했지만 여전히 역사에 없던 저금리의 시대가 이어지고 있다. 초저금리의 결과, 폭발적인 유동성 공급이 일어났고 그에 따라 부동산 가격 역시 피부로 느껴질 만큼 폭등하고 있다.

금리 따라 출렁이는 부동산 가격

이자율은 '금리'라고도 부르며, 빌린 원금에 대한 기간(통상적으로 1년) 당 이자의 비율을 뜻한다. 부동산 투자 시장에서 이자율은 인플레이션, 경제성장률과 함께 반드시 분석해봐야 하는 요소 중 하나다. 특히 2021년 하반기와 2022년 부동산 시장에서는 이 이자율의 동향이 가장 중요한 변수가 될 수 있다.

이자율은 부동산 가격과 부동산 투자수익률에 지대한 영향을 미친다. 이는 이자율이 '유동성(시장 내 흐르는 자금의 규모)'과 직접적인 연관이 있기 때문이다. 이자율이 내려가면 사람들은 은행에 돈을 맡기고 싶은 유인이 사라지고 많은 양의 현금이 다른 용처를 찾아 흐른다. 시중에 자금이 풀려 유동성이 증가하는 것이다. 그러면 은행에 돈을 예치하는 것보다 부동산을 사는 편을 선택하는 사람들이 늘어날 수 있고 자연히 부동산 가격도 상승하게 된다.

이 원리를 생각해보면 "부동산 가격을 조절하기 위해 이자율을 조절한다"는 주장도 이해가 가능하다. 부동산 가격이 폭등하면 이자율을 올려 유동성을 감소시키고, 반대로 부동산 가격이 폭락하면 이자율을 낮춰 시중 유동성을 증가시키는 것이 바로 그 논리다. 이렇듯 이자율과 부동산 가격은 직접적인 연관이 있다. 또한 이자율은 부동산 같은 실물자산 외에도 경제시장에 광범위한 영향을 미친다. 모든 경제 뉴스에서 기준금리에 큰 관심을 쏟는 이유도 바로 이자율의 엄청난 영향력 때문이다.

대부분의 국가에서는 금리 조절을 통해 부동산 가격의 움직임에 대응하는데 우리나라도 예외는 아니다. 2008년 글로벌 금융위기 당시를 예로 들어보자. 2008년 후반 미국의 부동산 버블 붕괴 사태로 글로벌 금융위기가 시작되자, 같은 해 서울의 아파트 가격은 6월부터 12월까지 불과 6개월 만에 19.7%나 하락했다. 더 자세히 들여다보면 강남구 아파트는 같은 기간에 22%, 노원구 아파트는 18%까지 하락했다. 강남구 아파트의 경우 2008년 3월 고점과 비교하면 무려 26%의 폭락을 경험했다.

이런 초유의 사태에 직면하자 한국은행은 선제적이고 파격적인 대응을 감행했다. 5개월이라는 짧은 기간에 이자율을 무려 3.25%p나 낮춘 것이다. 2008년 9월까지 5.25%였던 기준금리를 2009년 2월에 2.0%가 될 때까지 지속적으로 내렸다. 이 조치는 유동성 증가를 유도해 급락한 부동산 시장을 단숨에 원상회복하는 데 성공했다. 이후 2.0%대 초저금리 상황은 2009년 2월부터 2010년 6월까지 약 15개월간 지속되었다. 당시 글로벌 위기를 잘 극복해낸 우리나라는 2010년 6월부터는 금리를 정상화하기 시작했고, 1년 후인 2011년 6월에는 다시 3.25%까지 금리를 올리게 되었다.

글로벌 금융위기가 터진 2008년 중순부터 2011년 중순까지, 3년간의 기준금리 변동 폭은 가히 역대급이라 불릴만했다. 6개월도 안 되는 기간에 금리를 3.25%p 낮췄고, 그 후 1년 동안 금리를 무려 1.25%p나 올렸기 때문이다. 금리에 따라 부동산 가격도 함께 출렁였다. 급락한 부동산 시장이 다시 급등하는 경험을 했고, 이후 금리 상승이 추진제가 되어 다시 부동산 가격이 떨어졌다.

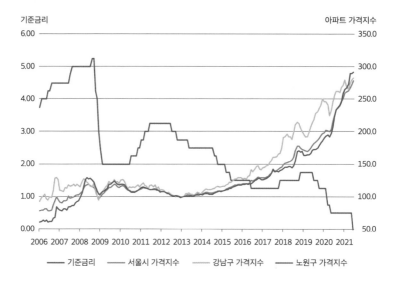

이렇게 이자율 변화에 따라 움직이는 부동산 가격을 보며 우리는 두 가지 인사이트를 얻을 수 있다. 첫째는 소위 말하는 '강남 부동산 불패는 존재하지 않는다'는 점이고 둘째는 '고가 주택 가격의 하락 폭은 일반 아파트에 비해 크다'는 점이다. 글로벌 금융위기 당시 9개월간 26%나 가격이 떨어진 강남구 아파트 가격을 보면 '강남 불패'는 신화에 불과하며 때로 중저가 시장보다도 훨씬 위험할 수 있다는 것을 알 수 있다.

글로벌 금융위기 이후에도 아파트 가격은 기준금리의 변화에 크게 영향을 받아왔다. 2011년 유럽 금융위기의 불안감이 고조되면서 부동산 가격 폭락을 우려한 정부는 2012년 7월을 기점으로 금리를 다시 인하하기 시작했다. 금리는 장기간 지속적으로 인하되다가 2014년 이후 2.0%대 미만으로 내려간 후로 현재까지 한 번도 2.0% 이상으로 기준금리가 인상된 적이 없다. 엄청난 저금리와 풍부한 유동성의 기간이 이어져오고 있는 것이다. 그리고 이 유동성이 결국 부동산 가격 상승의 결정적인 원인이 되었다.

강남불패? 강남 부동산이 지닌 높은 위험성

그렇다면 이자율을 조절하는 것이 서울시 아파트 가격에 실제로 얼마나 영향을 미쳤던 걸까? 이자율을 단기간에 급격히 인하하거나 인상했던 시기에 어떤 효과가 발생했는지 살펴보자. 서울시 전체 가격과 더불어 특징적인 두 지역인 강남구와 노원구의 데이터를 비교, 분석했다.

금리 인하 기간은 2009년 2월부터 9개월간의 데이터를 사용했다. 이때는 앞에서 설명했듯 글로벌 금융위기 이후 5개월 만에 금리를 3.25%p나 인하했던 시기다. 그래프를 보면 최종적으로 금리를 인하한 시점부터 3~9개월 후에 서울시 아파트 가격에 얼마만큼의 금리인하 효과가 나타났는지 드러난다. 금리 인하 3개월 후 아파트 가격은 서울시 전체 6.3%, 강남구 8.8%, 노원구 5.1% 상승했다. 금리 인하 7개월 후에는 그보다 상승 폭이 훨씬 커져서 서울시 14%, 강남구 17.5%, 노원구 15.5%의 가격 상승이 일어났다. 금리 인하로 인한 가격 상승 효과가 확연히 드러난다. 이자율을 낮추면 유동성이 증가하

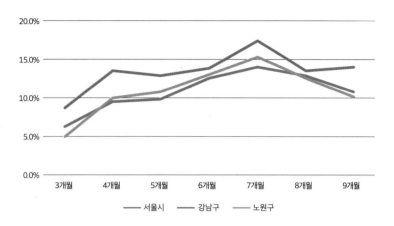

2009년 2월 금리 인하의 효과

고 결국 부동산 가격은 올라간다. 이 연쇄작용은 필연적인 결과이며 그 반대도 마찬가지다. 금리가 인상되면 부동산 가격은 하락한다는 것이다.

금리 인상의 효과도 데이터를 통해 확인해보자. 이번에는 급격히 금리가 인상됐던 시기인 2011년 6월부터 9개월간의 데이터를 사용했다. 이때는 금리가 2%에서 3.25%로 단기간에 1.25%p 인상되었던 시기다. 이 인상 폭은 금리 인하 데이터에서 보았던 3.25%p의 인하 폭에는 미치지 못하지만 그럼에도 일반적인 경우와 비교해보면 상당한 수준이었다. 이번에도 그래프에서 금리 인상의 효과로 아파트 가격이 내려간 것이 명확히 보인다. 서울시 전체, 강남구, 노원구 가릴 것 없이 모든 지역에서 아파트 가격이 하향곡선을 그리고 있다. 이 하락 폭은 시간이 지남에 따라 점점 커졌는데, 금리 인상 9개월 후 시점

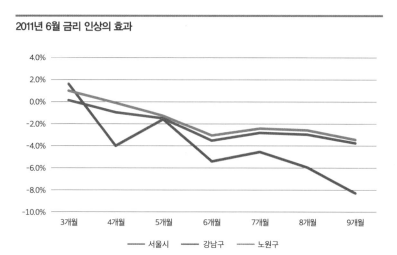

에는 아파트 가격이 서울시 전체 10.8%, 강남구 14%, 노원구에서는 10% 정도로 떨어졌다.

금리 인상과 인하 효과를 분석하면서 특히 눈여겨봐야 할 곳은 강남구다. 이자율을 내렸을 때 가격이 가장 많이 상승한 곳도 강남, 이자율을 올렸을 때 가격이 가장 많이 하락한 곳도 강남이다. 이는 고가 주택 시장의 변동성이 일반 아파트보다 훨씬 크다는 점을 다시 한 번 시사한다.

금리 변동과 부동산 가격 조정의 타이밍

2011년 6월 3.25%로 인상된 금리는 2012년 6월까지 유지되었다.

현재(2021년 10월) 기준금리가 0.75%임을 생각하면, 상당한 고금리 기간이 1년 가까이 유지된 것이다. 그러나 2012년 7월을 기점으로 금리는 다시 하락하기 시작했다. 개인적으로 '제1차 금리 하락기'라 부르는 2012년 7월부터 2017년 10월까지 금리는 장장 64개월 동안 하향세였다. 이때 부동산 가격은 저점을 통과한 후 상승하기 시작했다. 금리가 내려갔으니 부동산 가격이 상승하는 것은 당연하다. 여기서 주의해서 봐야 할 부분은 가격에 금리 변동 효과가 드러나기까지의 '시차'다. 금리 인하를 단행한 후 부동산 가격이 하락을 멈추고 상승으로 방향이 전환되기까지는 최소 몇 개월의 시간이 걸린다.

부동산 시장이 침체되었던 2012년 7월에 기준금리는 3.25%에서 3.0%로, 같은 해 10월에는 다시 2.75%로 내려갔다. 그러나 서울시 아파트 가격이 기나긴 하락세를 멈추고 다시 반등하기 시작한 건 12월이 되어서였다. 즉 7월에 시작한 금리 인하 조치의 효과가 약 5개월 뒤에 시차를 두고 나타난 것이다.

왜 금리 변동의 효과가 시장에서 즉각 나타나지 않는 걸까? 이는 부동산 시장 참여자들이 과거의 시장 동향에 의지하는 경향(Backward-Looking)이 강하기 때문이다. 부동산 침체가 장기간 지속된다면 시장 참여자들은 과거의 가격이 하락세였기 때문에 앞으로도 하락할 것이라 믿는 경향이 강하고, 반대로 부동산 시장이 활황인 경우는 미래의 가격도 계속 오를 것이라는 믿음이 매우 강하다. 따라서 이런 시장 참여자들의 과거지향적 선호를 이겨내고 실제로 부동산 가격이 변하기까지는 당연히 시차가 필요하다. 금리 인상이나 인하와 같은 부동산 외부의 쇼크는 2008년 말처럼 쇼크가 예외적으로 큰 경우를 제외하고는 늘 시차를 두고 부동산 시장에 영향을 미친다는 것을 알아야 한다. 향후 금리 변동이 이루어질 때에도 이는 마찬가지일 것이다.

초저금리 시대의 부동산 투자

63개월간의 제1차 금리 하락기에, 아파트 가격은 서울시 43%, 강남구 68%, 노원구 40%의 비율로 상승했다. 장기간 금리가 내려가자 유동성이 완화되었고 이것이 부동산 시장에 긍정적인 영향을 미친 것이다.

한국은행은 이후 2017년 금리를 1.25%에서 1.5%로 인상했고, 2018년 11월 이를 다시 1.75%로 올렸다. 이때는 일시적인 금리 상승기였다. 금리 인상 초반에는 가격이 오히려 상승하는 때도 있었지만 1.75%까지 금리가 오르자 곧 가격은 조정을 받았다. 6개월 동안 가격이 4% 정도 하락하기도 했는데, 이는 시장 참여자들이 모기지 이자 상승을 부담으로 느꼈기 때문으로 보인다.

일시적인 금리 상승기가 끝난 직후, 2019년 7월부터 금리는 급격하게 인하되었다. 거기에 더해 코로나 팬데믹이라는 미증유 사태가 벌어지며 1.25%였던 금리는 2020년 3월 0.75%로, 2020년 5월 0.50%로 내려갔다. 기준금리는 2021년 8월에 다시 0.75%까지 오르기는 했지만 여전히 역사에 없던 저금리의 시대가 이어지고 있다.

초저금리의 결과, 폭발적인 유동성 공급이 일어났고 그에 따라 부동산 가격 역시 피부로 느껴질 만큼 폭등하고 있다. 앞서도 언급했던 것처럼 현재의 부동산 가격 상승은 단순히 '저금리'가 단독 원인인 것은 아니다. 하지만 금리가 아파트 가격에 보이지 않는 영향력을 행사한다는 것은 간과해서는 안 될 진실이며 투자 분석 시 반드시 계산에 포함시켜야 할 항목이다.

[김경민 교수의 부동산 연구소] "하반기 부동산 예언! 인플레이션, 금리, 대선"

2022년 서울시 아파트 대전망

: 금리 인상 시나리오로 바라본 부동산 가격 예측 :

현재의 금리 0.75%가 꾸준히 올라 2022년 12월까지 금리를 1.0% 혹은 1.5%, 2.0%까지 인상한다는 3가지 시나리오를 세워보았다. 각 시나리오마다 서울시 아파트 가격 움직임의 폭은 다를 것이다. 서울시 전체, 강남3구, 노도성의 세 지역 데이터로 분석한 가격 시나리오는 다음과 같다.

이제 모두가 궁금해할 '미래의 부동산 가격'에 대해 이야기해보겠다. 금리 조정에 따른 2022년 서울 아파트 시세 시뮬레이션을 살펴보자. 미래 예측에 사용된 부동산 가격 모형은 상호 영향을 주는 요소들(투자수익률, 금리 변동, 시장 내부 공급 상황 등)을 고려해 구축했다. 우선 기준금리와 투자수익률 간의 관계를 설정해, 금리 변동 폭이 투자수익률에 주는 영향을 분석했다. 그리고 이런 투자수익률로 말미암은 부동산 내부 시장(공급 스케줄의 변화, 공급 연기 등)의 변화 가능성을 살펴보았다. 부동산 내부 시장은 다시 투자수익률에 영향을 미치는데, 이렇게 다양한 요소의 상호작용으로 장기간에 걸친 부동산 사이클이 생성된다.

현재의 모형은 2021년 6월까지의 자료를 바탕으로 이자율 변화에 따른 '2022년 12월 서울시 아파트 가격'을 예측한 것이다. 그런데 결과를 해석함에 있어 하나 유의해야 할 점이 있다. 현재 부동산 시장은 패닉바잉으로 대표되는 혼란한 시기이고, 시장 상황이 합리적으로 진행되고 있다고 볼 수 없다. 따라서 시장이 보다 합리적으로 움직이기 위한 '시차'가 필요할 수 있다. 본 예측모형의 결과치는 예측 시점(2022년 12월)과 일정 부분 시차(대략 6개월 후)를 두고 발생할 수 있다는 것을 염두에 두길 바란다.

금리 조정에 따른 아파트 가격 시뮬레이션(1.0%, 1.5%, 2.0%)

한국은행은 지난 2021년 8월 기준금리를 0.50%에서 0.75%로 인상했으며 여전히 추가 금리 인상과 관련한 시그널을 보내고 있다. 미국도 2022년 말까지는 금리를 올릴 가능성이 매우 크다.

우리나라는 미국의 금리 인상에 한발 앞서 이자율을 올려놓아야 할 필요가 있다. 만약 우리나라가 미국보다 금리가 낮다면, 투자자들은 우리나라 주식 시장이나 채권 시장에 묶인 자금을 빼고 미국 시장에 투자할 것이기 때문이다. 미국은 우리나라보다 경제 규모도 크고 위험도가 낮은 시장을 보유하고 있다. 그런데 미국이 한국보다 금리까지 높다면 투자자 입장에서는 우리나라에 투자할 유인이 작아질 것이다. 만약 우리나라 금리가 미국보다 낮은 상황이 발생하면 강달러가 실현되며 수입물가가 급등할 가능성이 커진다. 따라서 우리나라는 이런 위험에 대비해 선제적이고 단계적으로 2022년 말까지 금리를 인상할 가능성이 높다.

현재의 금리 0.75%가 꾸준히 올라 2022년 12월까지 금리를 1.0% 혹은 1.5%, 2.0%까지 인상한다는 3가지 시나리오를 세워보았다. 각 시나리오마다 서울시 아파트 가격 움직임의 폭은 다를 것이다. 서울시 전체, 강남3구, 노도성의 세 지역 데이터로 분석한 가격 시나리오는 다음과 같다.

금리 인상 시 서울시 아파트 가격 시나리오

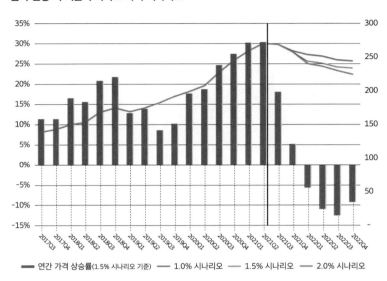

금리 인상 시 노도성 아파트 가격 시나리오

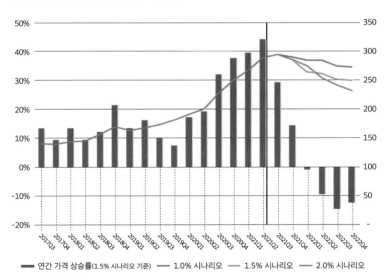

금리 인상 시 강남3구 아파트 가격 시나리오

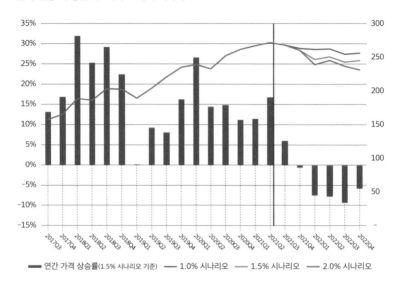

■ 연간 가격 상승률(1.5% 시나리오 기준) — 1.0% 시나리오 — 1.5% 시나리오 — 2.0% 시나리오

시나리오① 이자율 1.0%까지 인상

서울시 아파트 가격은 대략 2021년 6월 가격 대비 6~12%의 하락 가능성이 있다. 중간값인 9% 하락을 예상해볼 때, -9%는 수치상으로 매우 큰 폭의 하락으로 보인다. 그러나 이 정도의 하락은 달리 생각하면 서울의 아파트 가격이 2020년 4분기 가격으로 되돌아가는 수준이라고 볼 수 있다.

노도성 아파트 가격은 서울 전체 아파트 가격 흐름과 비슷한 양상을 보일 것으로 예상된다. 데이터 분석 결과 3~8%의 가격 하락이 예상되는데, 중간값인 5.5%의 하락을 가정해보면 이는 2021년 1분기 가격 수준으로 떨어지는 것을 의미한다. 노도성은 2021년 3분기까지 상승세를 이어가다가 꺾일 것으로 보인다.

강남3구 노도성과 비슷하게 3~8%의 하락이 예측된다. 중간값인 5.5% 하락 산정 시, 2020년 3분기 가격 수준으로 돌아간다. 2021년에는 강남3구보다 노도성의 가격이 더 큰 폭으로 상승했었기 때문에, 같은 폭의 하락률이 예상되더라도 강남3구는 보다 이전 가격으로 회귀한다는 결론이 나온다.

시나리오② 이자율 1.5%까지 인상

서울시 아파트 가격은 2021년 6월 가격 대비 10~17% 하락할 가능성이 있다. 중간값인 13.5% 하락을 가정하는 경우, 가격은 시나리오①과 큰 차이 없이 2020년 3분기 수준이 될 것으로 보인다.

노도성 아파트 가격은 시나리오①처럼 서울 전체 아파트 가격 흐름과 비슷한 양상을 띨 것으로 예상된다. 가격이 10~17% 하락할 것으로 분석 결과가 나왔다. 중간값인 13.5% 정도로 가격이 내려간다고 할 때, 해당 가격은 2020년 4분기 수준이다.

강남3구 아파트 가격의 예측 결과는 7~13% 하락 가능성이 있는 것으로 나왔다. 하락 폭이 서울시 전체와 노도성에 비해 낮은 것이 특징이다. 이 이유는 15억 원 이상의 고가 아파트의 경우, 은행 대출에 매우 큰 제한이 있어 본인 자산의 투입 비중이 높기 때문이다. 따라서 대출액의 비중이 높은 경우보다 손해보고 팔지 않으려는 경향이 있어, 이 정도 수준의 가격 하락은 버티는 것이다. 여기서는 이런 이유 때문에 가격 하락 폭이 적은 것으로 분석 결과가 나왔지만, 일반적으로는 금리 인상 시 고가 주택의 가격이 더 크게 하락하는 것이 맞다. 강남3구 아파트는 중간값인 10% 하락을 기준으로 했을 때, 2020년 2분기 가격으로 회귀한다.

시나리오③ 이자율 2.0%까지 인상

서울시 아파트 가격은 2021년 6월 대비 14~20% 하락할 가능성이 있다. 중간값인 17% 하락의 경우, 가격은 2020년 2분기 수준이다.

노도성 시나리오②와 달리 서울 전체 아파트 가격 흐름과 다른 패턴을 보인다. 금리가 2.0%까지 오를 때 노도성 아파트 가격은 서울 전체보다 더 떨어져 최소 17%, 최대 23% 하락이 예상된다. 중간값인 20% 하락을 가정할 때 해당 가격은 2020년 3분기 가격이다.

강남3구 가격은 12~18% 하락 가능성이 있는 것으로 나왔다. 하락 폭이 서울시 전체와 노도성에 비해 낮다. 중간값인 15% 정도의 하락을 가정할 때, 아파트 가격은 2019년 4분기와 2020년 1,2분기의 수준이다. 강남3구는 다른 지역에 비해 낮은 하락 폭이 예상되나 이는 최근 상승 폭이 작았기 때문이다.

위 3개의 시나리오 분석 결과를 중간값 기준으로 정리하면 다음의 표와 같다.

기준금리별 2022년 12월 아파트 가격 예상치(중간값 기준)

	기준금리 1.0%	기준금리 1.5%	기준금리 2.0%
서울시 전체	-9%	-13.5%	-17%
노도성	-5.5%	-13.5%	-20%
강남3구	-5.5%	-10%	-15%

기준금리가 2.0%가 되면 수치상으로 15~20% 정도 가격이 내려가니 엄청난 규모의 폭락이 오리라 생각하는 사람이 있을 수 있다. 마치 집값이 2017년이나 2018년의 가격으로 돌아가는 것이 아닌가 짐작하는 것이다. 그러나 실제로는 (지역마다 차이는 있으나) 2020년 중반(강남3구의 경우 2019년 4분기, 2020년 상반기)의 가격 수준으로 돌아가는 정도다. 즉 엄청난 폭등으로 인해 발생한 자산 버블이 꺼지더라도 내려갈 가격은 2020년 수준으로 예상된다.

[신사임당] "내년 말까지 서울 최대 17% 하락 가능성"

팔지 않고 버티는 사람들

시나리오 분석의 결과는 이자율 인상 효과로 부동산 가격이 하락할 것이라는 결론을 내지만, 이에 더해 부동산 '시장 현황'을 고려할 필요가 있다. 예측 모형은 합리적 상황 하에서 모든 사람들이 같은 조건을 갖고 있다고 가정한 결과를 도출하기 때문이다.

모형의 한계를 보완하고 부동산 시장의 상황을 고려하기 위해 한 가지 예를 살펴보겠다. 만약 어떤 사람들의 금융 상황이 다른 사람보다 좋거나 과거보다 나아져, 가격이 하락하더라도 보유한 주택을 매도하지 않고 버틴다면 어떨까? 그런 사람들이 존재한다면 가격 하락의 폭은 앞선 모형에 의한 예측치보다 미미할 수 있다.

과연 어떤 다른 결과가 나타날지 확인하기 위해 실제와 유사한 상황을 가정해보겠다. 두 가격대의 아파트(6억 원과 10억 원)를 보유하는 상황별로 모기지 이자율이 각각 0.5%p, 1.0%p 상승했을 때의 부담이 어느 정도인지 분석해보자. 대출 만기는 30년으로 가정했다.

LTV가 60%일 때 6억 원 아파트를 구입하려면 대략 2억 4,000만 원의 자기자본과 3억 6,000만 원의 은행 대출금이 필요하다. 이를 2.5%의 이자율로 모기지 대출을 받는다고 하면, 상환 방법에 따라 월 상환액수가 달라진다. 매월 원금과 이자를 균등하게 상환하는 원리금 균등상환의 경우, 월 142만 원을 상환해야 하나 원금을 만기에 일시 지급하고 이자만 갚는 경우 월 75만 원을 지불해야 한다.

10억 원 아파트의 경우 LTV를 60%가 아닌 50%로 가정했다. 은행 대출 5억 원에 대해 같은 이자율인 2.5%를 적용하면 원리금균등상환 시 월 198만 원, 이자만 상환하는 경우 월 105만 원의 비용이 소요된다.

이를 1년 단위로 계산하면 원리금균등상환 시 6억 원 아파트는

아파트 가격대별 모기지 이자 부담(이자율 2.5%)

	6억 원 아파트	10억 원 아파트
LTV(주택담보대출비율)	60%	50%*
은행 대출액	3억 6,000만 원	5억 원
이자율	2.5%	2.5%
원리금균등상환 경우	월 142만 원 상환	월 198만 원 상환
이자만 상환하는 경우 (만기일시)	월 75만 원 상환	월 105만 원 상환

* 9억 원 이상 아파트는 LTV 비중 50%를 가정함

1,700만 원, 10억 원 아파트는 2,370만 원을 지불해야 하는 것이다.

그런데 만약 기준금리 상승으로 이자율이 2.5%에서 0.5%p 인상되어 모기지 이자율이 3%가 된다면 어떨까? 아니면 더 크게 1.0%p 인상되어 모기지 이자율이 3.5%가 된다면? 보유한 아파트의 가격대별로 모기지 이자 부담이 얼마나 증가하는지 다음의 표를 통해 살펴보자.

6억 원 아파트의 경우 은행 대출금은 3억 6,000만 원으로 동일해도, 이자율 상승 시 월 부담 이자는 10만 원(이자율 3%)과 20만 원(이자율 3.5%) 상승해 각각 월 152만 원과 162만 원이 된다. 연 부담액은 각각 1,706만 원에서 115만 원 상승한 1,821만 원과 233만 원 상승한 1,939만 원이 된다.

6억 원 아파트를 매입하며 40%를 자기자본으로, 60%를 은행 대출로 해결한 사람에게 이자율이 현재보다 많이 올라(3.0~3.5%) 월 부담 금액이 10만 원, 혹은 20만 원 늘어난 것이 실제로 얼마나 부담으로

아파트 가격대별 모기지 이자 부담(원리금균등상환)

	6억 원 아파트	10억 원 아파트
이자율 (2.5%), 원리금균등상환액	월 142만 원 (연 1,706만 원)	월 198만 원 (연 2,370만 원)
이자율 (3.0%), 원리금균등상환액	월 152만 원 (연 1,821만 원)	월 211만 원 (연 2,529만 원)
이자율 (3.5%), 원리금균등상환액	월 162만 원 (연 1,939만 원)	월 225만 원 (연 2,694만 원)

느껴질지는 생각해볼 문제다. 팔지 않고 버티는 사람들의 존재는 금리 인상 시 아파트 가격 하락 폭을 줄일 것이다.

미래 아파트 가격의 관건

앞선 기준금리별 아파트 가격 시나리오 분석에서, 노도성 지역 아파트는 기준금리가 1.5%로 인상되었을 때 가격이 10~17% 하락할 것이라 예측했었다. 서민 아파트가 밀집한 노도성 지역 사람들이 모기지 이자 부담을 어떻게 느끼느냐에 따라 시장의 전체적인 가격 하락 폭도 달라질 것이다. 앞의 예시에 따르면 6억 원 아파트를 보유한 사람은 금리와 모기지 이자율의 상승으로 월 10~20만 원의 주택보유 비용을 추가로 부담해야 한다. 이를 실제로 부담으로 느낄 사람들이 얼마나 되느냐가 관건이다.

예를 들어, 경기가 안 좋아 본인의 가계소득이 줄어들거나 코로나 사태가 장기화되어 자영업자들이 무너지기 시작하면, 이 액수는 더 많은 사람들에게 부담이 될 수 있다. 그런데 사람들은 이자율에 대해 부담을 느끼는 한편 미래 주택 가격에 대한 기대 또한 있다는 것을 잊지 말아야 한다. 지금처럼 사람들의 패닉바잉이 지속돼 한 달에 부동산 가격이 1,000만 원씩 쉽게 오르는 상황을 기대할 수 있다면, 1년에 기껏 120~240만 원을 더 지불하는 것을 꺼릴 사람은 없을 것이기 때문이다. 따라서 미래 가격 상승에 대한 기대가 쟁점이 될 수 있다.

또 하나 미래 아파트 가격에 영향을 주는 요인으로 부동산 내부 시장의 문제가 있다. 바로 '공급'과 관련한 사항이다. 만약 정부가 명확한 공급 사인을 주고 미래에 충분한 주택 공급이 이루어질 테니 안심하라는 의사를 전달한다면 양상은 또 달라질 수 있다. 사람들은 그런 메시지를 접하면 공급 충격으로 인한 가격 정체를 예상할 것이다. 공급량이 늘며 상대적으로 미래 가격 상승에 사람들의 관심이 줄어드는 경우, 일부 계층에게 연 120~240만 원은 부담이 될 수 있다. 큰 상승을 기대할 수 없는 부동산의 보유 비용이 감당할 수준을 넘어버리는 것이다.

10억 원대 고가 아파트는 더욱 그러하다. 10억 원 아파트의 보유 비용이 연 2,370만 원에서 연 2,529~2,694만 원으로 늘어나면 159~324만 원의 추가 부담이 생기는 것으로 상황이 달라지기 시작한다. 주택 이자 금액이 몇백만 원 인상되고, 보유세나 종부세 등 각종 세금이 늘어나면 10억 원 이상 아파트 보유자들은 전세라는 선택지를 고려하게 된다. 주택 보유로 인한 비용과 전세로 인해 발생하는 비용을 비교하는 것이다. 물론 이 때의 조건은 충분한 공급이 제시되어 주택 가격이 몇 년간 안정될 것이라는 가정이 충족되어야 한다.

결론을 정리해보겠다. 현재의 기준금리와 모기지 이자율은 과거에 비해 매우 낮은 수준이기에, 이자율 인상으로 인한 부담액이 개인의 상황에 따라 크지 않을 수 있다. 하지만 경기 침체가 장기화되고 주택 공급 사인이 명확해져 시장의 흐름이 바뀐다면, 주택 보유자 중 일부는 주택 보유로 인한 비용(은행 대출금 상승액과 보유세와 종부세 등)을 고민하게 될 것이다.

시장 패닉 상황이 진정되고 금리 인상이 지속되는 경우, 수요자들은 부동산 시장의 미래에 대한 생각이 바뀔 수 있다. 또한, 이자율이 상승하면 요구되는 부동산 투자수익률도 상승할 것이기에, 매수자들은 생각보다 저렴한 가격이 아니면 적극적으로 매수에 가담하지 않을 것이다. 그리고 이는 부동산 가격 하락으로 연결될 가능성이 크다.

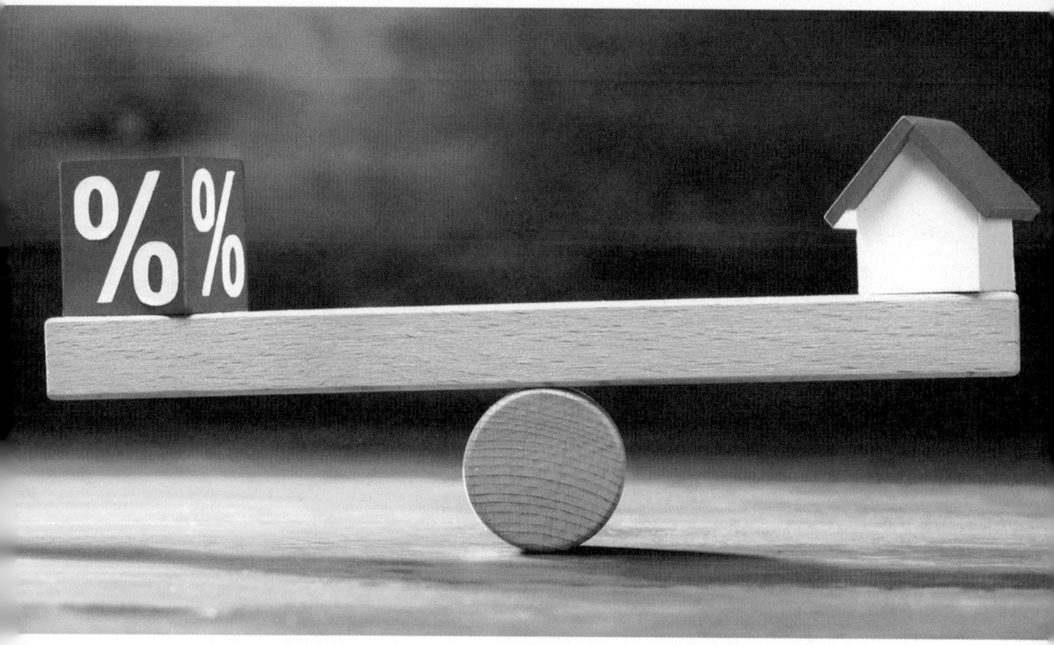

특별부록

포스트 코로나
핫 플레이스 TOP 5

빅데이터로 알아보는
미래의 핫 플레이스

우리나라의 토지 용도는 외국에 비해 상대적으로 매우 유연한 편이다. 예를 들면 상업용지가 아닌 제2종 일반주거지역이나 제3종 일반주거지역에서도 카페와 식당 영업이 가능하다. 주거지역으로 용도가 정해졌어도 건물 일부는 상업용 공간으로 사용이 가능한 것이다.

2010년대 중후반, 조용한 주택지역에서 일순간에 글로벌 핫 플레이스로 거듭난 익선동은 애초에 상업용지였다. 그래서 상권화되는 과정에서 토지 용도로 인한 큰 문제가 없었다. 그러나 서초구 서래마을이나 가로수길은 달랐다. 그 지역들은 상권화가 시작되고 점차 확장되는 기간에 기존의 주택(단독과 다가구)이 빠르게 상점으로 바뀌었다. 단독주택이나 다가구 건물의 형태는 남겨둔 채 1층과 지하만 식당으

단독·다가구 거래량 분석을 통해 분석한 핫 플레이스 유망 지역

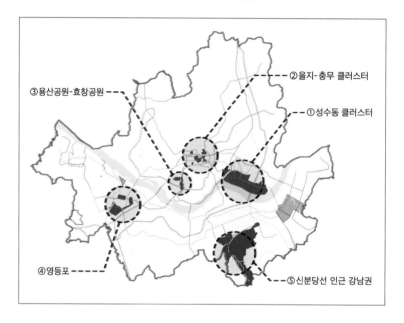

로 바뀌는 경우도 있었고, 기존 주택을 부수고 새로 건물을 짓는 경우도 많았다.

　뜨는 동네를 알아보는 법을 이야기하면서 왜 토지 용도를 설명하는지 의아해 할 수도 있다. 그러나 활발히 상권화가 이루어지고 있거나 개발압력이 생긴 '핫 플레이스'를 찾는 힌트가 여기에 숨어있다. 단독·다가구 거래현황과 근린생활시설 꼬마빌딩의 손바뀜(주인이 자주 바뀌는) 현상은 핫 플레이스를 찾는 대표적 지표다. 거래량이 많고 그로 인해 건물의 주인이 자주 바뀐다는 것은 어떤 활동이 갑자기 활발해진다는 뜻이기 때문이다.

그런데 꼬마빌딩은 거래의 규모가 큰 경우가 많기에, 상대적으로 저렴한 단독·다가구 거래현황을 살펴보는 것이 핫 플레이스 진입의 초기 단계를 알아내는 데 더 적합할 수 있다. 우리가 알고 싶은 핵심은 앞으로 핫 플레이스로 발전하려고 꿈틀거리는 지역이다. 따라서 거래현황을 볼 때는 평균 대비 '최근' 거래량이 얼마나 폭발적으로 일어나고 있느냐에 집중해야 한다.

이곳에서 소개할 5개의 핫 플레이스는 이런 접근법으로 찾아낸 지역들이다. 분석은 서울시 전全기간의 거래량을 동별로 살펴본 후, 최근 거래량이 전체의 50% 이상을 차지하는 곳을 추출했다. 그리고 이를 지도에 표시해 클러스터링Clustering (군집 여부) 분석을 시도했다. 즉 최근 거래가 활발히 이루어지면서 그런 곳이 집단으로 모여 있는 지역을 찾은 것이다.

지금부터 그 분석 결과로 찾아낸 5개의 핫 플레이스와 트렌드를 소개하겠다.

출처_SK D&D

핫 플레이스

1

성수동 클러스터의 확장

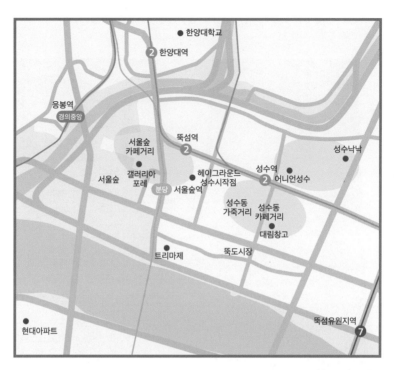

성수동 인근 지도

　　성수동 클러스터는 좌측 서울숲 인근(서울숲역과 뚝섬역)부터 성수역(카페 대림창고)까지의 구간이 가장 대표적인 권역이다. 이 권역은 성수1가동과 성수2가동에 속하는데, 해당 동의 지리적 면적이 넓어 단독·다가구 거래 사례가 압도적으로 많다. 성수1가동은 전 기간 998건의 거래 중 최근 거래가 567건, 성수2가동은 전 기간 649건 중 최근 거래가 379건이었다. 전체 거래의 약 58%가 근래에 거래된 것이다. 현재 아주 활발히 개발되고 있는 지역이라 말할 수 있다.

성수동의 인기를 이끈 카페 대림창고. 갤러리와 카페를 겸한 복합문화공간이다.
출처_대림창고 인스타그램

성수동의 복합문화공간 플라츠. 과거에 나염 공장이었던 흔적이 남아 있다.
출처_TPZ

    성수동 클러스터에서 주목할 만한 최근 트렌드는 2호선 남쪽에 집중되었던 기존 권역이 근래 2호선 북쪽으로 확장되고 있다는 점이다. 이런 트렌드를 보여주는 대표적인 사례가 상업용 부동산 종합 개발사 SK D&D에서 개발한 '성수낙낙'이다. 성수낙낙은 복합문화시설, 라이프스타일 브랜드, 식음료 매장이 함께 있는 공간으로 2020년 SK D&D가 처음으로 선보인 대규모 상업시설 브랜드다. 성수역에서 도보 15분 정도의 거리에 있으며, 기존 상권이 주로 성수역과 뚝섬역 남쪽 중심으로 확장되던 것과 달리 북쪽에 지어졌다.

성수낙낙 전경. 건물 사이에 산책을 즐길 수 있는 잔디 광장이 있다.
출처_SK D&D

성수낙낙은 무려 1만 6,600m²(약 5,000평)의 규모를 자랑하는데, 내부에 각종 맛집은 물론, 갤러리와 문화시설, 편의점, 은행, 요가 스튜디오까지 입점해 있다. 또한 성수낙낙은 최근 전 세계 최초로 이케아랩IKEA Lab 팝업스토어가 입점해 화제가 되기도 했다. 이처럼 볼거리도 많은 데다가 건물 외부에는 산책을 할 수 있는 잔디 광장이 있어 요즘 젊은 층이 많이 찾고 있다.

성수낙낙의 개발은 성수동 클러스터가 남쪽에서 북쪽으로 확장되

성수낙낙. 붉은 벽돌로 지어진 건물 안에는 다양한 문화시설과, 라이프스타일 브랜드, 식음료 매장이 입점해 있다.

출처_SK D&D

고 있는 하나의 예다. 이에 더해 빅데이터 분석에서 나오는 패턴을 들여다보면, 성수동 클러스터는 좌우로도 확장될 가능성을 보여주고 있다. 좌측으로는 한양대 인근, 우측으로는 건대입구역까지 뻗어나갈 수 있는 것이다. 성수동은 이미 잘 알려진 동네 중 하나지만 여전히 거래가 활발히 일어나고 있으며 앞으로도 성장할 잠재력이 크다고 할 수 있다.

핫 플레이스

2

을지-충무 클러스터의 탄생

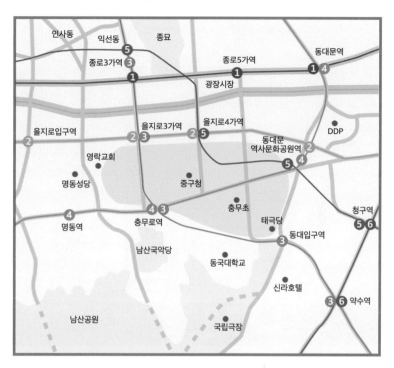

을지로와 충무로 인근 지도

　지금 우리가 중단기적으로 가장 눈여겨봐야 할 지역은 '을지-충무 클러스터'다. 좌우로는 을지로3가역(영락교회 우편)부터 을지로4가역을 지나 동대문역사문화공원역까지의 라인, 남쪽으로는 3호선 라인(을지로3가역-충무로역-동대입구역), 동쪽으로는 동대입구역에서 동대문역사문화공원역까지에 이르는 권역이다.

　이 지역은 서울의 주요 앵커들로 둘러싸여 있다. 서쪽에는 명동, 남쪽에 남산, 북동쪽에 동대문시장, 북쪽에 광장시장과 청계천 같은 명

소들이 있는 것이다. 그리고 동국대학교라는 강력한 앵커 역시 존재
한다.

대중교통 접근성도 매우 훌륭하다. 충무초등학교 인근의 언덕을 제
외하면 대부분의 지역에서 500미터 이내에 2호선, 3호선, 5호선이 지
나는 지하철역에 당도할 수 있다.

또 하나 을지-충무 클러스터에 유리한 조건이 있는데, 바로 세운상
가 주변에 거대한 오피스텔 빌딩들이 건설된 것이다. 오피스텔은 특
성상 젊은 1~2인 가구들이 몰려 산다. 따라서 이는 상권 부흥의 주역
인 MZ세대가 집단으로 거주하는 발판이 갖춰졌음을 의미한다. 이 클
러스터의 발전이 더욱 기대되는 이유다.

서울에서 가장 오래된 빵집인 태극당 내부

다만 이 지역은 노후한 건물들이 많아 젊은 층에게 세련된 모습으로 다가오지 않을 수 있다. 그러나 이런 건물도 외부의 옛 모습은 유지하되 내부를 혁신적으로 바꿔 변화를 꾀한다면 MZ세대에 어필할 수 있을 것이다. 이런 변화를 전문용어로는 적응적 재설계(Adaptive Reuse)라고 한다.[86] 동대입구역 앞에 있는 태극당이라는 베이커리의 사례에서 이 가능성을 엿볼 수 있다.

동대입구역 인근 장충동에 있는 태극당은 1946년부터 운영된 서울에서 가장 오래된 빵집으로, MZ세대의 '빵지순례' 리스트에서 빠지지 않고 등장하는 유명한 가게다. 1973년에 지금의 자리로 이전한 태극당은, 현재 창업자의 3대가 맡아서 운영하고 있다. 오랜 세월 변하지 않는 빵 맛에 더해, 2014년 브랜드를 리뉴얼하며 변화된 소비성향을 적극적으로 반영하고 있다. 서체와 로고를 새로 만들고 패션, IT, 주얼리, 맥주, 도서 분야의 다양한 브랜드와 협업하는 등 계속해서 새로움을 추구하는 것이다.[87] 태극당은 전통과 유행을 모두 잡는 노력으로 '뉴트로New-tro(복고를 재해석해 새롭게 즐기는 경향)' 트렌드에 발맞춰 인기를 끌고 있다. 동대입구역부터 동대문역사문화공원역 사이의 거리는 태극당 외에도 새로운 카페와 식당이 빠르게 생겨나며 이미 변화가 일어나고 있다.

을지로 인근 역시 마찬가지다. 이곳은 1970~1980년대 분위기를 그대로 간직해 독특한 거리를 형성하고 있다. 공구, 조명, 타일도기, 인쇄 등 1960~70년대 도시개발과 함께 생긴 제조업 관련 가게들이 빼곡하다. 슬레이트 지붕과 철제 미닫이문, 비좁은 골목이 을지로에서 접할 수 있는 가장 흔한 풍경이다.

이 오래되고 낡은 동네는 청년들이 하나둘 모여 창업하며 현재의 '힙지로'로 성장했다. 이곳은 저렴한 임대료, 높은 접근성, 풍족한 공실이라는 삼박자를 고루 갖춰 일찍이 젊은 창업자들을 끌어당겼기 때문이다.[88] 낡은 동네가 젊은 세대의 감성을 만나 뉴트로 콘셉트의 공간으로 재탄생한 것이다.

을지로의 많은 유명한 가게들은 건물 외관만 봤을 때는 전혀 카페나 바가 있을 것 같지 않은 곳에 간판도 없이 숨어 있다. 그러나 인스타그램 플랫폼에 익숙한 MZ세대는 이렇게 숨어 있는 장소도 잘 찾아

간판 없는 카페 호텔수선화 건물 외관. 카페는 4층에 있다. 출처_네이버 거리뷰

호텔수선화 내부 출처_호텔수선화 인스타그램

내 방문하며, 오히려 차별적 경험을 제공하는 이런 문화를 즐긴다.

이처럼 을지-충무로 클러스터는 활발한 상권화가 이루어지고 있으며 큰 규모의 오피스텔 건설로 앞으로 주거 인구도 많아질 것으로 기대되는 상황이다. 좋은 조건들을 여럿 갖추고 있다 보니 여기에 새로운 성격의 공간들도 생기고 있다. 그중 하나가 바로 실험적인 형태의 '공유공간'이다.

셰어하우스, 셰어오피스, 공유주방 등 다수가 모여 비용을 절감하며 구성원끼리 시너지 효과를 내는 공유 트렌드는 이미 우리의 일상이 되고 있다. 2020년에는 코로나의 영향으로 공유공간의 성장이 주춤해 보였으나 바이러스의 유행은 오히려 공유 트렌드가 장기화되는 데 한몫하기도 했다. 예를 들어 셰어오피스는 코로나로 인해 사무실 분산 수요가 생기며 그 필요성이 지속됐다.[89] 단순히 공간을 함께 쓰는 형태의 공유공간은 이전에도 있었지만, 요즘의 공유공간은 더욱 다양한 서비스를 제공하는 형태로 진화하며 양적, 질적 성장을 모두 꾀하고 있다. 을지로4가역과 동대문역사문화공원역, 충무로역 사이 오장동에 자리 잡고 있는 '로컬스티치 크리에이터 타운'이 대표적이다.

로컬스티치는 국내에서 처음으로 코리빙Co-living과 코워킹Co-working이 결합된 브랜드를 만들어 새로운 삶과 일의 방식을 제안하고 있다. '도시의 창의적 생산자를 위한 공간'을 표방하는 로컬스티치는 창작자들이 공간과 시너지를 내고, 수익을 함께 창출하는 지속가능한 공동체를 지향한다. 건물에는 주거와 오피스, 리테일 공간이 모두 모여

내가 함께 만들어 가는
동네와 도시

Here, creators build their
own neighborhood
and the city.

Local Stitch

크리에이터 타운에서
새로운 일과 삶의 방식을
실험해보세요.

Experience and
experiment a new way of
working and living.

Local Stitch

을지로에 있는 로컬스티치 크리에이터 타운

있는데, 그 속에서 사람들 사이 느슨한 연결이 이루어진다. 또한 서울에 15개 지점이 있는 로컬스티치는 지역 기반 콘텐츠를 활용해 지점별로 특색 있는 공간을 꾸리고 있다.

그중에서도 가장 최근에 생긴 '로컬스티치 크리에이터 타운' 을지로점은 지하1층부터 19층까지의 큰 규모를 자랑한다. 내부에는 주거와 업무를 위한 공간, 브런치 카페와 와인바, 전시 공간, 프로그램 공간, 피트니스 센터 등이 있으며 루프톱까지 갖추고 있다. 기존의 공유공간에서 볼 수 없던 다양한 생활 편의시설과 서비스를 제공하며 재미있고 실험적인 공간을 만들어가는 모습이다.

로컬스티치 을지로점의 카페   출처_ⓒ내부순환스튜디오 김지훈

로컬스티치 을지로점의 주거 공간

출처_©내부순환스튜디오 김지훈

경험을 선사하는 공유공간의 매력

(김수민)

(로컬스티치 대표)

Q. 로컬스티치는 어떤 공간인가요?

로컬스티치는 크리에이터들이 같이 모여 살고, 일하고, 창업하는 공간입니다. 저희는 잠재력이 있는 부동산을 대상으로 공간을 기획하고 디자인해 크리에이터들을 위한 장소로 재탄생시키는 일을 하고 있습니다. 도시는 고도화될수록 비즈니스가 무거워지고, 다양한 '개척자'들의 실험이 줄어들 수밖에 없습니다. 그러나 로컬스티치는 그와 반대로 창의적인 도시와 동네를 만드는 플러그인으로서의 역할을 하고자 합니다.

Q. 로컬스티치의 지점은 어떻게 정해지나요?

저희는 소유주와 투자자의 의뢰를 받아 지점을 확대하고 있습니다. 지점을 확장하면서 가장 중요하게 여기는 2가지 요소는 '로컬스티치의 의도와 비즈니스 구조에 공감하는 소유주' 그리고 '잠재력 있는 공간'입니다. 이런 조건들이 잘 맞아 좋은 기회라는 판단이 들면 지점을 오픈합니다. 이렇게 현재 서울에 있는 로컬스티치 지점은 서교, 연남, 성산, 영등포, 약수 지점 등을 포함해 15곳이 있습니다. 가장 최근에는 을지로점을 오픈했습니다.

Q. 어떻게 을지로점과 약수점을 오픈하게 되셨나요? 동네의 분위기도 궁금합니다.
을지로와 약수를 포함한 서울의 원도심은 '공간 경험'이라는 관점에서 다양한 매력이 있다고 생각합니다. 자연환경, 도시 조직 등의 물리적 맥락이나 사회·문화적 인프라 모두 훌륭하지요. 그러나 서울의 원도심은 (콘텐츠의 관점에서) 아직 저평가된 공간이 많습니다. 이런 곳은 크리에이터들이 자유롭게 실험하기에 적합합니다. 도심에서 가치를 만들고자 도전하는 사람들과 실험할 수 있는 공간이 만나 도시의 흐름을 만들어가고 있습니다. 최근 1년 사이, 서울의 원도심에서도 이렇게 새로운 실험을 하는 플레이어들이 부쩍 늘어났다고 느낍니다.

Q. 을지로와 충무로 인근에 소개하시고 싶은 장소가 있으신가요?
아무래도 최근에 저희 로컬스티치가 새로 오픈한 을지로 지점이 아닐까 싶습니다. 을지로에 '로컬스티치 크리에이터 타운'이라는 신규 지점을 만들었는데, 구석구석

로컬스티치 을지로점　　　　　　　　　　　　　출처_ ©내부순환스튜디오 김지훈

많은 창작자와 작가들의 손길이 묻어있습니다. 이곳은 크리에이터들의 작업실일 뿐만 아니라 리테일 공간이기도 합니다. 다양한 이웃들이 있어 재미있게 운영하고 있습니다.

장소에 관해서는 특정한 가게를 소개하기보다는 '을지로의 밤'을 경험해 보시라고 말씀드리고 싶습니다. 을지로는 '생산 도시'로서의 낮과 '경험 도시'로서의 밤이라는 2가지 매력이 있는 지역입니다. 밤에 펼쳐지는 경험 도시 을지로만의 이색적인 분위기를 느껴보시기를 추천드립니다. 그래도 한 곳의 상점을 이야기해보자면 을지로3가 인근에 있는 '경일옥 핏제리아'라는 화덕피자집을 소개해드리고 싶습니다. 저도 종종 방문하는데 이탈리아 현지에서 먹는 것 같은 피자 맛과 을지로의 동네 분위기가 묘하게 어울립니다.

Q. 로컬스티치에는 리테일 공간이 있다고 알고 있습니다. 한 건물, 나아가 한 상권을 살리는 테넌트들의 공통점이 있다면 무엇일까요?

모든 테넌트들은 결국 좋은 비즈니스를 만들고 주변과 지역사회에 좋은 영향을 미치기를 꿈꿉니다. 최근에 높은 성과를 올리고 좋은 소비자 경험을 제공한 테넌트들

로컬스티치 을지로점의 리테일 공간　　　　　　　　출처_ ⓒ내부순환스튜디오 김지훈

을 보면 공통점이 있습니다. 스스로가 브랜드 오너임을 자각하고 브랜드의 장기적인 관점과 단기적인 수익을 적절히 믹스할 줄 안다는 것입니다. 그런 테넌트들은 수익을 추구하는 동시에 소비자와 지역 구성원에게 다양한 경험을 제공하고 그들의 취향을 겨냥하기 위해 노력합니다. 소비자가 상점에 와서 단순히 먹고, 마시고, 구입하는 것이 아니라 '경험'을 위해 시간을 소비한다는 관점에서 접근하는 것이지요. 성공적인 테넌트들은 이런 전략을 바탕으로 움직인다고 생각합니다.

Q. 부동산과 관련해 공유공간 사업을 어떻게 전망하시나요?

최근에는 부동산을 유연하게 활용하려는 움직임이 일어나고 있습니다. 처음에는 사무 공간을 시작으로 일어난 변화가 이제는 라이프스타일 전반의 영역으로 확대되고 있습니다. 이는 사람들이 일하는 방식과 경험하는 것들이 달라지며 생긴 자연스러운 현상입니다.

부동산에 유연하게 '접속'해 공간을 사용하고자 하는 욕구는 점점 커지고 있습니다. 이를 범공유공간 비즈니스가 하나씩 충족시켜주며 사용자 경험을 고도화하고 있는 추세입니다. 최근의 공유공간 사업과 관련 서비스들은 단순히 특정 연령이나 특정 타깃을 만족시키는 것에서 벗어나 보다 다양한 사람들을 대상으로 서비스가 확대되고 있습니다. 앞으로는 소비자 경험 차원에서 공유공간이 점점 고도화될 것이라 생각합니다.

Q. 부동산 투자자들에게 가장 추천하고 싶은 하나의 투자처가 있다면 무엇인가요?

부동산 전문가가 아니라 조심스럽지만 서울의 오래된 빌딩에 대한 가치가 인정받을 날이 올 것이라 예상합니다. 원도심의 오래된 건물들을 현대적인 콘텐츠와 융합해 잘 활용한다면, 좋은 투자가 될 수 있을 거라 생각합니다.

용산공원부터 효창공원까지

숙명여자
대학교

효창공원

4 숙대입구역 ● 미국대사관
이전예정지

남영동
스테이크 골목

경의선숲길

효창공원역

경의중앙 6

열정도 골목

1 남영역

용산공원 예정지

전쟁기념관

4 6 삼각지역

역세권
청년주택

용리단길

용산역

경의중앙 1

4 신용산역

아모레퍼시픽

용산공원 예정지

용산공원과 효창공원 인근 지도

　세 번째로 소개할 핫 플레이스는 4호선 숙대입구역과 삼각지역의
좌우 권역으로, 용산공원과 효창공원 사이다. 용산공원은 뉴욕의 센
트럴파크Central Park에 비견될(실제 크기도 비슷하다) 곳으로 발전할 가능
성이 있다. 이 지역도 좋은 주변 환경이 갖춰져 있다. 인근에 미국대
사관과 서울시교육청이 자리 잡을 예정이며, 숙명여자대학교라는 강
력한 앵커, 아모레퍼시픽 본사, BTS의 소속사인 하이브HYBE 본사 등
이 있다. 이러한 뷰티 산업과 엔터테인먼트 산업을 이끄는 회사들의
존재는 유관 중소기업의 입주를 유도할 가능성이 크다.

효창공원 일대 전경

출처_용산구

용산공원 기본설계 조감도

출처_국토부 용산공원조성추진기획단

다만 지리적으로 경부선 철로가 지상으로 통과해 주변을 구분 짓는 점과 숙대부터 효창공원까지 언덕길이 있다는 점은 보행상권 성장에 불리한 한계임은 분명하다. 그럼에도 효창공원과 용산공원 주변은 이미 변화가 시작되었다. 그 사례로 들 수 있는 것이 '열정도' 거리다.

열정도 골목. 30여 개의 식음료 매장이 들어와 상권을 형성하고 있다.

삼각지역 북서쪽 아파트 단지 뒤편에 있는 백범로87길은 과거 금형 주물 공장이 위치했던 곳으로, 재개발구역에서 제외된 이후 급격히 쇠퇴했었다. 그러나 2014년부터 외식 컨설팅업체인 '청년장사꾼'이 이 지역에 정착하면서 상권을 형성했다. 열정도 거리는 현재 200m 남짓한 골목에 30여 개의 식음료 가게들이 운영되고 있다. 버려진 골목이 그야말로 청년들의 열정을 만나 MZ세대에게 사랑받는 핫 플레이스 먹자골목으로 재탄생한 것이다.

개성 있는 상점들이 속속 생겨나고 있는 남영동 골목

영등포의 재발견

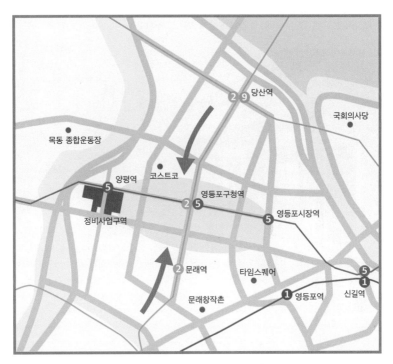

영등포 인근 지도

　네 번째 핫 플레이스는 영등포 주변이다. 5호선 라인(양평역-영등포구청역-영등포시장역)과 2호선 라인(당산역-영등포구청역-문래역)을 중심으로 성장이 기대된다.

　이 지역에서는 이미 '문래동'이 하루가 다르게 상권화되며 주목받고 있다. 문래동은 1970~80년대 국내 철강산업을 주도했던 철공업 집적지로서 도심의 제조 클러스터 역할을 담당했다. 그런데 2010년대 초반부터 여기에 예술 창작촌으로서의 정체성이 더해졌다. 문래동의 저렴한 임대료와 공업을 중심으로 한 독특한 분위기에 반한 젊은 문래창작촌. 새로 생긴 카페와 공업사가 함께 있는 모습이다.

공업과 예술이 만나 독특한 분위기를 형성하고 있는 문래동

예술인들이 모여든 탓이다.

이로써 기술과 예술이 한데 모인 특색있는 동네가 탄생했다. '문래 창작촌'이 주목받으며 젊은 세대의 취향을 겨냥한 카페와 식당도 속속 생겨났다. (개인적으로는 도심 제조산업의 중요함을 인정하고 보존되어야 한다고 보나, 본 책에서는 상권화 트렌드에 대해서만 설명하고자 한다.)

다만 영등포 인근은 5호선과 2호선을 따라 개발압력이 존재하나 다른 지역만큼 핫 플레이스로 폭발력 있게 성장할지는 시간을 두고 지켜봐야 한다. 상권보다는 오히려 2호선의 홍대·합정(미디어와 출판업 클러스터)과 5호선의 여의도(금융 클러스터)의 주거 배후지로서의 성격이 강해질 가능성도 공존하기 때문이다.

실제로 양평역 인근 양평12구역을 포함해 영등포 내 곳곳에서 규모 있는 지식산업센터(제조업, 지식산업, 정보통신산업의 사업장 및 지원시설이 입주할 수 있는 건축물) 및 공동주택 개발이 다수 진행 중이다. 영등포시장역 주변도 빠르게 오피스텔로 전환이 이루어지고 있으며, 이로 인해 주거와 상가 수요도 증가할 것으로 예상된다.

양평12구역에 오피스텔 신축 공사가 진행 중이다.(좌)
영등포에 새로 문을 여는 카페와 식당이 많아지고 있다.(우)

핫 플레이스

5

신분당선을 따라 업그레이드되는 강남

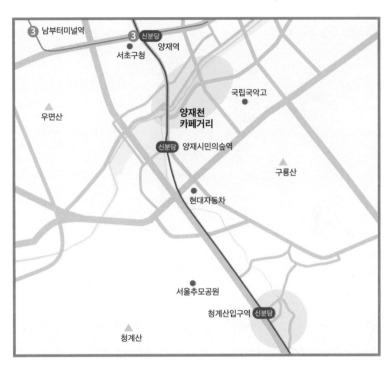

남부터미널역

③ 신분당
서초구청
양재역

국립국악고

우면산

**양재천
카페거리**

신분당 양재시민의숲역

구룡산

현대자동차

서울추모공원

청계산입구역 신분당

청계산

강남역 인근 신분당선 지역 지도

　다섯 번째 지역은 신분당선을 따라 이어지는 강남권이다. 강남구의 대부분 지역은 다른 지역과 비교 불가능한 압도적인 매력을 갖고 있다. 그래서 강남은 지금도 누구나 알고 있듯 충분히 발달하여 편리하고, 인기 있고, 비싼 지역이다. 따라서 강남권 대부분의 지역은 장기간 보유할 경우 낭패를 볼 가능성은 희박하다(이자율 상승 시 단기간의 가격 정체 및 하락 가능성은 존재한다).

　그렇지만 강남에도 여전히 눈여겨볼만한, 성장 가능성이 있는 지역

신분당선 연장 구간 노선도.　　　　　　　　　　　　　　출처_국토교통부

이 있다. 바로 신분당선(양재역-양재시민의숲역-청계산입구역) 주변이다.
신분당선은 현재 강남역에서 광교역까지 운행 중이며 강남역 이북 방
향으로 연장 공사가 진행되고 있다. 2022년 5월이면 '강남역-신논현
역-논현역-신사역'을 연결하는 공사가 완료되어 개통될 예정이다.
그러면 2호선, 3호선, 7호선, 9호선과 연결되는 특급라인이 완성되는
것이다. 신분당선 연장으로 강남권 일대는 한 단계 업그레이드될 수
있다.

　신분당선의 교통 호재는 신분당선이 지나는 '양재역-양재시민의숲
역-청계산입구역'에 활기를 불어넣었다. 특히 그중에서도 '양재천 카
페거리'는 도심 속 자연과 문화가 살아 있는 거리로 많은 이들에게 사
랑받고 있다. 이곳은 일찍이 바리스타들이 자리 잡아 커피 로스팅 업
체가 많고, SNS에서 입소문을 탄 유명 카페도 곳곳에 있다. 또한 인테

양재천 산책로, 도보와 자전거길 모두 잘 정비되어 있어 많은 시민이 휴식을 위해 찾고 있다.

양재천 카페거리, 서점, 갤러리, 공방 등 다양한 매장이 들어와 있다.

양재천 카페거리

리어 관련 매장과 공방, 갤러리, 동네 책방, 소품샵 등 볼거리도 많은 동네다.[90]

청계산입구역 근처도 최근 들어 로스팅 카페와 식당이 새로 생기며 분위기가 바뀌고 있다. 이 지역은 접근성이 좋으면서도 청계산 등 도심 속 자연을 느낄 수 있는 장소가 있어 많은 이가 찾고 있다.

청계산입구역 인근에 있는 카페 세컨클락

카페 누모. 전동 킥보드 관련 문화공간을 운영하고 있다.

MZ세대의 동선 분석

지금까지 단독·다가구 거래현황 데이터를 바탕으로 선정한 핫 플레이스 다섯 지역을 살펴봤다. 그러나 여기서 하나의 지표를 더 소개하려 한다. 핫 플레이스로 성장할 가능성이 큰 지역들은 한 가지 공통점이 있다. 바로 트렌드 세터 MZ세대의 사랑을 받는다는 것이다. 그래서 MZ세대의 동선을 분석하는 것은 앞으로 뜰 동네를 찾는 좋은 방법이 될 수 있다. 여기서는 MZ세대가 최근 자주 방문한 지역을 분석해 핫 플레이스 유망 지역을 알아보도록 하겠다. 자료는 KT 빅데이터를 활용했다.

MZ세대의 동선을 분석한 지도. 검정, 빨강, 노랑 순으로 방문이 많은 지역이다.

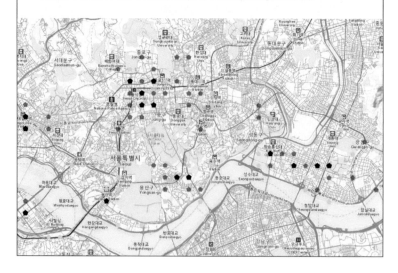

유행을 선도하는 세대인 MZ세대가 주말과 공휴일에 방문하는 장소는 미래의 핫 플레이스가 될 가능성이 큰 곳이다. 과연 그들의 발걸음은 어디를 향하고 있을까? 본 분석에서는 강남3구에 거주하는 MZ세대가 강남3구를 제외한 서울의 어떤 지역을 주말과 공휴일에 방문하는지를 살펴보았다. 강남3구를 제외한 이유는, 이 지역을 포함할 경우 휴일에 자가에 거주하는 상당수의 인원이 분석에 잡혀 강남3구 지역이 실제보다 더 부풀려지기 때문이다. 이는 일종의 방해요인이 될 수 있으므로 분석에서 제외했다.

지도에 표시된 점들은 검은색, 빨간색, 노란색 순으로 강남3구 MZ세대의 방문이 많은 지역이다. 이들이 현재 가장 많이 방문하는 지역은 성수동 일대와 종로와 중구 일대, 이태원, 용산, 홍대와 합정, 여의도, 천호동 일대로 잡힌다.

이 중 부록에서 언급한 다섯 지역과 겹치는 곳은 성수동, 을지-충무 클러스터, 숙대입구역과 삼각지역 일대이다. 숙대입구역과 삼각지역 부근은 모든 점이 노란색으로 표시되어 있어 아직은 성장단계가 낮은 수준이라고 볼 수 있다. 그러나 을지-충무 클러스터는 검은색과 빨간색 점들이 나타나고 있다. 성수 클러스터는 분석 결과에서 동쪽으로 상권이 확장되는 패턴과 서쪽의 한양대 앞으로 확장되는 패턴이 눈에 띈다.

물론 상권 내에 다양한 볼거리가 있어 매력적 요소가 늘어난다면 해당 상권으로의 방문이 더 많아질 것이다. 따라서 상권 내에 규모의 경제가 이루어지고 권역이 점차 확장되는지를 관심 있게 봐야 한다.

앞서 언급한 단독·다가구 거래량 분석과 MZ세대 동선 분석의 결과를 종합해볼 때, 중단기적으로 가장 눈여겨봐야 할 지역은 성수 클러스터와 을지-충무 클러스터다. 앞으로 이 지역들이 어떻게 자리 잡고 더 성장해나갈지 기대감을 갖고 지켜보길 바란다.

Part 1 _____

1   "카카오뱅크 시총, 현대차마저 제치고 8위로", 〈한겨레신문〉, 2021.08.20.

2   "MZ세대의 라이프스타일, 공간의 혁신을 요구하다", 〈Cheil Magazine〉, 2020.03.17.

3   피터 홀, 『내일의 도시』 임창호 안건혁 옮김, 한울아카데미, 2019.

4   "한강의 기적, 그 현장을 둘러보다 [우리는 위대한 '대한국인(大韓國人)입니다!] 구로공단부터 서울역까지", 〈대한민국 정책브리핑〉, 2016.09.20.

5   "Facebook: number of monthly active users worldwide 2008-2021", 〈Statista Research Department〉, 2021.09.10.

6   McCollum, W. J., Basic research procedures. In: Roca, R. A., ed. Market Research for Shopping Centres. 3rd ed. New York: International Council of Shopping Centres, 1988.

7   "The 12 most Instagrammable places in the world", 〈The Mercury News〉, 2021.01.18.

8   김경민, 『리씽킹 서울』 서해문집, 2013.

9   "인스타그램 열풍, 페북 위협하는 10~20대 소셜미디어… 비즈니스에 딱", 〈이코노미 조선〉, 2018.06.04.

10 "美 고급백화점 니만마커스, 코로나19 여파에 파산보호 신청", 〈동아일보〉, 2020.05.08.

11 "Macy's is closing another 100 stores", 〈CNN Business〉, 2016.08.11.

12 "10-K Report", 〈Macy's Inc〉, 2016~2020년 자료 참조.

13 "Industry Benchmark Report", 〈PNC RE Market Research〉, ICSC Research 홈페이지.

14 "유통 대전환의 시작, 리테일 아포칼립스(Retail Apocalypse)", 〈삼정 KPMG Issue Monitor〉, 2021.01.

15 알리바바 공식 보도자료(www.alizila.com)

16 "Retail e-commerce sales worldwide from 2014 to 2024", 〈eMarketer〉, 2020.12.

17 "E-commerce share of total global retail sales from 2015 to 2024", 〈eMarketer〉, 2021.01.

18 '논란의 'B마트', '배달의민족'보다 더 무섭게 성장했다", 〈블로터〉, 2021.04.03.

19 "메쉬 코리아, 강남에 도심형 물류센터 신설… '3시간 내 배송", 〈조선비즈〉, 2021.04.05.

20 "오프라인 매장, 고객 경험·데이터 수집·물류 거점으로", 〈이코노미조선〉, 2021.03.15.

21 "압구정동에 '황금마차' 뜬다… 신선식품 주문 후 30분내 배달", 〈중앙일보〉, 2021.07.18.

22 "주문 8분 만에 온 쿠팡마트… 편의점 '발칵", 〈한국 경제〉, 2021.07.13.

23 "Amazon wins patent for a flying warehouse that will deploy drones to deliver parcels in minutes", 〈CNBC〉, 2016.12.30.

24 "Defining Generations", 〈Pew Research Center〉, 2019.

25 "미래 비즈니스 바꾸는 新인류 'MZ 세대", 〈조선비즈〉, 2021.05.31.

26 "SNS서 '가치관 담은 소비' 지향… 기업 사회적 책임도 요구 [심층기획 - MZ세대의 '소신소비']", 〈세계일보〉, 2020.07.07.

27 "아웃도어업계, 다양한 미디어 플랫폼 활용해 MZ세대와 소통 강화", 〈디지털조선일보〉, 2020.11.24.

28 "MZ세대 불매에… '인종차별 게시물' 페북 결국 항복", 〈동아일보〉, 2020.06.29.

29 "The Millennial Consumer: Debunking Stereotype", 〈The Boston Consulting Group〉, 2012.04.06.

30 "자기 관리도 놀이처럼 즐기는 MZ세대의 SNS 사용법", 〈제일매거진〉, 2020.08.12.

31 "유통업계, MZ세대 겨냥한 '온라인 쇼핑 플랫폼'과 협업 마케팅 확대", 〈디지털조선일보〉, 2021.07.30.

32 "Millennials Don't Stand a Chance", 〈The Atlantic〉, 2020.04.13.

33 "청년 실업이 그들만의 문제가 아닌 까닭", 〈경향신문〉, 2017.10.22.

34 "미래 비즈니스 바꾸는 新인류 'MZ 세대'", 〈조선비즈〉, 2021.05.31.

35 "명품 쓸어담는 中 밀레니얼세대", 〈한국경제〉, 2019.04.29.

36 "명품 '큰손'으로 떠오른 2030…백화점 명품 매출 절반 차지", 〈매일경제〉, 2021.03.07.

37 "2030 '야누스소비'… 샤넬·에르메스? 우리는 아미·마르지엘라 지른다", 〈중앙선데이〉, 2020.02.06.

38 "모바일 쇼핑 트렌드 리포트 2021", 〈오픈서베이〉, 2021.07.26.

39 "On social media, Gen Z and Millennial adults interact more with climate change content than older generation", 〈Pew Research Center〉, 2021.06.21.

40 "하반기도 '친환경' 입어요… 지속가능성 앞세운 패션 업계", 〈아주경제〉, 2020.09.21.

41 "The Experience Movement: How Millennials Are Bridging Cultural and Political Divides Offline", 〈Eventbrite〉, 2017.

42 "How Marketers Can Win with Gen Z and Millennials Post-COVID-19", 〈The Boston Consulting Group〉, 2020.06.16.

43 "Asia Pacific Millennials: Shaping the Future of Real Estate", 〈CBRE〉, 2016.

44 "How Marketers Can Win with Gen Z and Millennials Post-COVID-19", 〈The Boston Consulting Group〉, 2020. 06.16.

45 "How Gen Z and Millennials Are Shaping the Future of US retail", 〈McKinsey〉, 2020.09.28.

46 "How Gen Z and Millennials Are Shaping the Future of US retail", 〈McKinsey〉, 2020.09.28.

47 "The Future Shopper Report 2021", 〈Wunderman Thompson Commerce〉, 2021.

48 "NOwnership, No Problem: An Updated Look At Why Millennials Value Experiences Over Owning Things", 〈Forbes〉, 2019.01.02.

49 "Why Millennials Don't Want To Buy Stuff", 〈Fast Company〉, 2012.07.13.

50 마티아스 슈판크, 『오프라인은 죽지 않았다: 소매업의 성공을 위한 혁신전략』 박하람 옮김, 에쎄, 2021.

51 황지영, 『리스토어: 언택트 시대, 오프라인 기업들의 8가지 진화 전략』 인플루엔셜, 2020.

52 "Amazon to Buy Whole Foods for $13.4 Billion", 〈The New York Times〉, 2017.06.16.

53 "Amazon Is Opening An Actual, Real-Life Bookstore", 〈Fortune〉, 2015.11.03.

54 시로타 마코토, 『데스 바이 아마존』 신희원 옮김, 비즈니스북스, 2019.

55 시로타 마코토, 『데스 바이 아마존』 신희원 옮김, 비즈니스북스, 2019.

56 "Big Prize in Amazon-Whole Foods Deal: Data", 〈The Wall Street Journal〉, 2017.06.20.

57 "Amazon to Buy Whole Foods for $13.4 Billion", 〈The New York Times〉, 2017.06.16.

58 "Amazon Fresh brings smart grocery carts and Alexa to an LA supermarket", 〈Cnet〉, 2020.08.27.

59 "Introducing Amazon 4-star", 〈About Amazon〉, 2018.09.27.

60 "Amazon Plans to Open Large Retail Locations Akin to Department Stores", 〈The Wall Street Journal〉, 2021.08.19.

61 "Number of physical retail stores owned by Amazon from December 2018 and July 2020", 〈Statista〉.
"Amazon physical stores locations", 〈Amazon〉.

62 "다들 발 빼는데… 카카오프렌즈 역주행 괜찮아?", 〈더스쿠프〉, 2020.09.24.

63 "작은 브랜드 6000개 모아 MZ세대 공략… 무신사, 4년 새 매출 7배", 〈조선일보〉, 2021.04.23.

64 "'오프라인 진출해요'… 무신사, 대형 유통사와 상반된 행보, 왜?", 〈한국경제TV〉, 2019.09.06.

65   "무신사 스탠다드 홍대 터졌다… 오픈 3일 누적 매출 1억7,000만 원", 〈서울경제〉, 2021.05.31.

66   "패션 특화 공유 오피스, 무신사 스튜디오", 〈무신사 매거진〉, 2019.02.28.

67   "위기의 이마트, 삐에로쇼핑 접는다… 내년 점포 30% 리뉴얼", 〈서울경제〉, 2019.12.20.

68   "메타버스 탄 은행들… 신한은행 '가상 점포' 낸다", 〈한국경제〉, 2021.08.16.

69   "[메타버스 돋보기③] 가상 부동산도 파는 직방? 무너지는 온·오프라인 경계", 〈블로터〉, 2021.08.28.

Part 2 _____

70   "집을 사면 안 되는 9가지 이유", <조선일보>, 2013.10.25.

71   Genesove, D. and Mayer, C. J., "Loss Aversion and Seller Behavior: Evidence from the Housing
      Market", Quarterly Journal of Economics, 116(4): 1233-1260, 2001.
      Engelhardt, G. V., "Nominal Loss Aversion, Housing Equity Constraints, and Household Mobility:
      Evidence from the United States", Journal of Urban Economics, 53: 171-195, 2003.

72   Case, Karl E. and Robert J Shiller, "The Behavior of Home Buyers in Boom and Postboom
      Markets", New England Economic Review, November/December, 29-46, 1988.
      "The Efficiency of the Market for Single Family Homes." The American Economic Review, 79:
      125-37, 1989.
      Shiller, Robert, "Market Volatility and Investor Behavior." The American Economic Review, 80:
      58-62, 1990.

73   Berkovec, J. A., and Goodman Jr, J. L., "Turnover as a Measure of Demand for Existing Homes",
      Real Estate Economics, 24(4): 421-440, 1996.
      Chan, S., "Spatial Lock-In: Do Falling House Prices Constrain Residential Mobility?", Journal of
      Urban Economics, 49: 567-586, 2001.
      Clayton, J., Miller, N., and Peng, L., "Price-Volumne Correlation in the Housing Market: Causality
      and Co-movements", Journal of Real Estate Finance and Economics, 40: 14-40, 2010.
      Hort, K., "Prices and Turnover in the Market for Owner-Occupied Homes", Regional Science and
      Urban Economics, 30: 99-119, 2000.
      Stein, J. C., "Price and Trading Volume in the Housing Market: A Model with Down-Payment
      Effects", Quarterly Journal of Economics, 110(2): 379-406, 1995.
      Lamont, O and Stein, J. C., "Leverage and House-Price Dynamics in U.S. Cities", The Rand
      Journal of Economics, 30(3): 498-514, 1999.

74   해외에서는 거래량 기준 5% 혹은 10% 아파트 가격 이상을 초고가 주택으로 정의한다.
      "Realtor.com Luxury Housing Report", 〈Realtor〉, 2020.
      "Elliman Report 2021 Q1", 〈Milar Samuel inc〉, 2021.
      "State of Luxury Real Estate", 〈Luxury Portfolio international〉, 2021.

75   '주택시장 안정을 위한 관리방안', 2020.06.17.

76   구조공실률에 대한 연구는 Rosen and Smith의 연구를 시작으로 주택과 상업용(특히, 오피스) 부동산에
      광범위하게 존재한다.
      Rosen, K.T. and Smith, L.B., "The Price-Adjustment Process for Rental Housing and the Natural
      Vacancy Rate", American Economic Review, 73(4): 779-786, 1983.
      Wheaton, W.C. and Torto, R.G., "Office Rent Indices and Their Behavior over Time", Journal of
      Urban Economics, 35(2): 121-139, 1994.

김경민, 박정수, 「서울 오피스 시장의 임대료조정메커니즘: 자연공실률과 실질임대료 관계를 중심으로」, 『국토연구』, 62(9): 223-233, 2009.

77 "'판교'입주폭탄' 쏟아진다… 분당 전셋값 1억 이상 '뚝'", 〈한국경제신문〉, 2021.07.31.

78 통계청 인구추이 2020

79 "서울 상업·업무용 빌딩 거래 역대 최다… 꼬마빌딩이 60% 차지", 〈연합뉴스〉, 2021.07.25.

80 "풍선효과 상업용 빌딩…상반기 18조 거래 '역대 최대'", 〈서울경제〉, 2021.07.20.

81 "아파트는 몇 억도 어려운데 건물은 수백억씩… '대출 무풍지대'", 〈조선일보〉, 2020.10.17.

82 "종부세 기준 '9억→11억' 상향 종부세법… 오늘부터 시행", 〈매일경제신문〉, 2021.09.07.

Part 3 _____

83 K. Case, R. Shiller, "The efficiency of the market for single-family homes", American Economic Review, 79: 125-137, 1989.

D. Capozza, P. Hendershott and C. Mack, "An anatomy of price dynamics in illiquid markets: analysis and evidence from local housing markets", Real Estate Economics, 32:1-32, 2004.

84 투자수익률은 'Cap Rate' 혹은 'Yield' 등으로 다양하게 불리며, 세부 정의 역시 매우 다양하다. 전 세계 오피스 시장이나 리테일 시장을 분석하는 다양한 연구들이 존재한다.

Tsolacos, S., Kim, K, and Peng, R., "Panel Modeling of Retail Yields in Asia-Pacific Cities", Journal of Property Investment and Finance, 27(3):224-237, 2009.

85 인플레이션과 주택가격 간 분석은 Fama and Schwert의 연구를 시작으로 주택과 상업용 부동산 분야에 상당한 연구가 진행되고 있다.

E. F. Fama and G. W. Schwert, "Asset Returns and Inflation", Journal of Financial Economics, 5:2, 115-146, 1977.

특별부록 _____

86 "미국의 전통시장 활성책 '오래된 건물 그대로 사용' [김경민의 도시이야기]", 〈프레시안〉, 2014.01.08.

87 "서울에서 가장 오래된 빵집 '태극당'… 국민추천으로 '백년가게'됐다", 〈데일리팝〉, 2020.06.12.

88 "'힙지로'가 된 을지로, 예술도 함께 품다", 〈서울&〉, 2021.08.26.

89 "변해야 산다… 공유오피스, '거점 오피스'로 활로", 〈이코노믹리뷰〉, 2021.06.05.

90 "코로나 시대의 여행-양재천 백배 즐기기", 〈매일경제〉, 2020.06.19.